湿地学校建设指南

A Guide for Buiding Wetlands Schools

陈克林　主编

图书在版编目(CIP)数据

湿地学校建设指南 / 陈克林主编. -- 北京 : 中国林业出版社, 2019.10

ISBN 978-7-5219-0313-3

Ⅰ. ①湿… Ⅱ. ①陈… Ⅲ. ①沼泽化地—生态环境—环境教育—中小学—教学参考资料 Ⅳ. ①G633.982

中国版本图书馆CIP数据核字（2019）第236576号

中国林业出版社·自然保护分社／国家公园分社

策划和责任编辑：肖　静

出版发行　中国林业出版社（100009　北京市西城区德内大街刘海胡同 7 号）

http://lycb.forestry.gov.cn　电话：（010）83143577　83143574

印　刷　北京雅昌艺术印刷有限公司

版　次　2019 年 11 月第 1 版

印　次　2019 年 11 月第 1 次

开　本　787mm × 1092mm　1/16

印　张　13.25

字　数　330 千字

定　价　80.00 元

《湿地学校建设指南》编辑委员会

鸣 谢

感谢中国科学院东北地理与农业生态研究所和海口市湿地保护协会对《湿地学校建设指南》出版经费的资助。

出版资助单位：

中国科学院东北地理与农业生态研究所

海口市湿地保护协会

序一 Foreword I

首先，我要祝贺《湿地学校建设指南》公开出版发行。我认为，中国湿地学校网络是世界湿地教育领域一大创举。

2002年，日本湿地与人间研究会（RCJ）与湿地国际—中国办事处、湿地韩国合作，启动了中、日、韩“亚洲湿地周——儿童与湿地”交流活动。第一次交流活动于2003年1月在日本习志野市谷津干舄国际重要湿地举办。中国和韩国各有3名学生参加活动，他们与习志野市中山南美小学师生进行了积极互动，并兴高采烈地考察了国际重要湿地。

第二次交流活动于2004年1月在韩国Upo国际重要湿地举办，来自中国和日本的学生和老师应邀参加。

2004年12月，第三次中、日、韩“亚洲湿地周——儿童与湿地”交流活动在中国江苏省大丰市举办。这次活动给我留下了难以忘怀的记忆。

我曾有幸近距离观察麋鹿。麋鹿曾一度在中国绝迹，此时大丰国际重要湿地正在实施麋鹿重引进项目。当我们到达活动举办地点——大丰第四初级中学时，虽然正值周日（原本是学校休息日），但许多学生来到学校，用铜管乐器演奏雄壮的乐曲，热情欢迎来自韩国和日本的孩子们。交流活动非常成功，被众多报纸和当地电视台争相报道，也给人们留下了深刻的印象。借此机会，首个“湿地学校”称号授予了大丰第四初级中学。

此后，中、日、韩“亚洲湿地周——儿童与湿地”交流活动每年在中国开展一次，“湿地学校”一所又一所不断增加。15年过去了，中国湿地学校的数量已达到了47所，对此，我感到十分高兴。

我们组织的中、日、韩“亚洲湿地周——儿童与湿地”交流活动起初是个一次性的2～3天的活动。日本、韩国的儿童和教师来华期间，我们受到中国学生和教师的热烈欢迎，新闻媒体也重点宣传对儿童和青少年进行湿地教育的重要性。活动一结束，国际参与者回到各自的国家，一般都可能失去对湿地教育的关注和热情。然而，获得“湿地学校”称号的学校，将会在较长一段时间内，利用自身优势志愿延续和推广湿地教育。

此外，随着中国湿地学校数量的增加，学校以及教师之间的交流与互动也将开始，这将推动相互学习、相互激励，提高能力，从而促进中国湿地教育的发展。

据我所知，在亚洲乃至全世界还没有一个像湿地学校网络一样由学校和教师自愿组成的、以湿地为重点的环境教育网络。

我衷心期望中国能建立更多的湿地学校，同时也希望你们能把湿地学校的经验分享给其他国家。期待不久的将来，我们能建立一个亚洲湿地学校网络。

日本湿地与人间研究会秘书长 中村玲子

Reiko Nakamura

2019年8月

序二 Foreword II

非常高兴看到这本精彩的《湿地学校建设指南》面世。这本书源于国际湿地（原湿地国际—中国办事处）、日本湿地与人间研究会、湿地韩国联合组织的众多活动。自2002年中、日、韩“亚洲湿地周——儿童与湿地”交流活动启动以来，该活动已扩展到涉及湿地与儿童、湿地与教师、湿地与学校、湿地与社会等多个领域。

虽然活动时间短暂，但内容十分丰富，包括湿地意识活动、艺术表演、绘画以及学生和老师的演讲。3个国家的学生和老师们在两三天时间内开展的湿地活动总是各具特色、异彩纷呈，让人兴高采烈、收获满满。由于学校附近湿地的类型各不相同，湿地学校活动总会产生有趣的创意，为湿地保护行动注入活力。很多参与这个项目的韩国朋友反复问我同样的问题：现在大丰有多少头麋鹿？我在湛江种下的红树林现在有多高了？扎龙的丹顶鹤是否健康？中、日、韩“亚洲湿地周——儿童与湿地”交流活动正在成为非政府组织和湿地教育工作者开展湿地意识活动的典范。这种形式的湿地学校教育活动将成为2021年召开的《湿地公约》缔约方大会首要议题之一。

国际湿地的优秀员工们饱含激情、坚持不懈地努力，使中国的湿地学校项目在国际湿地领域广为人知，并备受推崇。已有近50所学校获得“湿地学校”

称号。国际湿地也是提高国际社会对黄海湿地、对迁徙水鸟以及泥炭地保护重要性认识的领导者。因此，更多不同类型以及偏远地区的学校将成为中国湿地学校网络成员。湿地学校项目经过多年实践终于获得成功。在这个活动中，我注意到，很多校长和老师都积极投身于公众意识和湿地教育事业。本书由众多教育工作者撰写的章节将为“网络活动”提供一个重要的基础。

在《湿地学校建设指南》出版之际，我再次向作者们表示衷心的祝贺，并期望在过去20年的活动基础上，湿地学校网络更进一步发展壮大。

韩国釜山大学生态学教授

Gea-Jae Joo（朱杞载）

2019年8月

前 言

Preface

地球是迄今为止人类所知的唯一有生命存在的星球。人类发展的历史进程，就是以各种方式利用自然财富、改变自然的过程。这个过程中，生物资源做出了巨大的贡献。据考证，地球陆地的2/3曾为森林所覆盖，如今，全世界森林消失的速度之快让人吃惊，这就大大加快了物种消失的速率，差不多平均每天就有一种物种灭绝。近200年来，已有593种鸟类、400多种兽类、209种两栖爬行类以及20000多种植物濒于灭绝。这比自然淘汰引起的灭绝速度快1000倍。

联合国环境会议提出，解决世界环境危机最佳策略之一就是发展环境教育。环境教育的目的，是通过不断地教学引导和渗透，提供环境的相关知识，让人产生对环境的敏锐度，从而改变人的认知与行为。合理利用生物资源，是保护环境的精髓。环境教育是为了更好地研究和预测在各种自然条件下，人类活动对生态系统可能造成的影响，找出如何调节生物与环境、生物与生物、人类与自然界保持协调平衡的机制，使自然界的物质循环相对稳定和平衡。

湿地作为地球上重要的自然生态系统，拥有丰富的野生动植物资源，它既是陆地上的天然蓄水库，又是众多野生动植物，特别是珍稀水禽的繁殖、越冬地。湿地在提供水源、调节气候、蓄洪防旱、降解污染等方面的重要作用越来越受到人们的重视，成为当今世界生态环境保护的热点。保护和合理利用湿地资源已成为世界各国的共同目标。

保护湿地，须以教育为本。搞好宣传教育，特别是提高青少年的湿地保护意识将作为一项长期的战略任务。多年来，我们一直致力于青少年湿地生态教育，2003年，第一次把“湿地学校”的理念引入课堂，首创了“湿地学校”品牌，并开展了一系列湿地学校网络交流活动。我们先后与黑龙江、辽宁、甘肃、湖南、安徽、江苏、浙江等地的数所小学进行合作，组织了多种形式的湿地保护宣传活动，并邀请中外专家走进中、小学校园，普及湿地知识，传播湿地教育理念。学校师生十分关注湿地教育，通过参与课堂内外的理论与实践活动，极大地丰富了湿地知识，收到了良好的效果。

历时近20年的创建、探索，我们积累了一些经验，在此编写了《湿地学校建设指南》。全书分为上、中、下三篇。上篇为湿地与人类，主要介绍湿地的功能、价值以及湿地保护的意义；中篇为湿地学校建设与发展，共6章16节，包括湿地学校、湿地学校建设、湿地学校教学、湿地学校课程研发、湿地生态教育策略、湿地学校建设效果评估；下篇介绍部分湿地学校活动范例。全书图文并茂，共收集了210余幅照片，旨在通过该书的问世，对广大拟建、在建湿地学校的单位、同仁起到借鉴和指南作用，同时给建成湿地学校的单位提供创新、完善、提高的新机遇，以促进我国湿地学校建设更好发展。

湿地生态教育应该从娃娃抓起。中国的湿地保护事业一定能够迎来更加光辉灿烂的明天！

由于编写时间紧张，书中难免存在错误和纰漏之处，敬请读者指正。

2019年8月

目 录

Contents

中篇　湿地学校建设与发展

下篇　湿地学校活动范例

附　录

湿地与人类

湿地是地球上的土壤、水体和生命经过几十亿年发展进化的结果，是自然界最富生物多样性的生态景观和人类最重要的生存环境之一。湿地为人类提供了宝贵的生态家园，与人类的生存、繁衍、发展息息相关。从高山之巅到大海之滨，湿地无时无处不在为人类服务；从生命起源到社会发展，湿地无时无刻不在为人类做出贡献。

科学家说：湿地是自然界最重要的生态系统，与森林、海洋生态系统一起支撑起地球的生命大厦。湿地是众多生物的天然物种基因库，全球超过40%的植物和动物种类依赖湿地延续生命。湿地也被誉为“地球之肾”“天然水库”和“天然物种库”。

经济学家说：湿地蕴含着巨大的经济效益。湿地为人类提供丰富的动植物食品资源，是人类赖以生存的衣食父母。湿地还为人类提供丰富的工业原料和能量来源。据联合国环境署2002年的权威研究数据显示，1公顷湿地生态系统每年创造的价值高达14000美元，是热带雨林的7倍，是农田生态系统的160倍。

历史学家说：湿地是人类文明的摇篮。作为水陆在时间和空间坐标上的交替界面区域，湿地在目睹了自然、生命变迁的同时，也见证了文明、历史的演变。

艺术家说：湿地打开了艺术大门。湿地是鲜活丰富的文化，是充满诗情画意的地方，是艺术创作的源泉。从数千年前的洞穴壁画，到大量的音乐片段，以及众多的电影、文学作品无不表现出湿地对文化的一系列影响。

旅游家说：湿地产生了诸多的无形和有形的文化遗产以及景观。湿地是令人心驰神往的仙境，蕴藏了无穷的欢乐，不仅丰富着人们的生活，而且增长了人类的知识和阅历。

……

第一章 人类的生态家园

湿地是地球上水陆交接、相互作用而形成的一种独特的生态系统。湿地有形形色色的类型和名称，如沼泽、沼泽化草甸、灌丛沼泽、森林沼泽、泡沼、苔原、湿原、泥滩、泥炭地、湖泊、河流、洪泛区、河口三角洲、泻湖、盐沼、海岸滩涂、红树林、珊瑚礁、海草层、浅海水域等天然湿地和稻田、盐田、鱼塘、水库等人工湿地。湿地生态系统功能独特，不仅具有调节气候、净化水质、保持水源、保护海岸、蓄洪防旱、提供生物栖息场所、保护生物遗传多样性等生态功能，而且还具有生产丰富的动植物产品和工业原料、作为后备土地资源、为人类提供游憩场所和提供野外科学研究场所等重要的经济、社会功能。

湿地广泛分布于世界各地，遍布所有国家，是大自然赐予人类的生态家园。从炎热的赤道到寒冷的极地，从高耸的青藏高原到低洼的海岸地区，从干燥的沙漠到湿润的热带雨林，从辽阔草原到茫茫原始森林，从人烟稀少的戈壁滩到喧嚣繁华的城市，沿海的泥岩滩涂、山间的沼泽泥潭、河道的湖泊港汊、溪流的芦苇浅滩、珊瑚礁、红树林、水稻田，都可看见湿地美丽的身姿。

据统计，全世界约有自然湿地面积573万平方千米，占地球陆地面积的6%。其中，红树林约有24万平方千米，珊瑚礁约60万平方千米。湿地在热带与寒带分布较多，分别约占湿地总面积的30.9%和29.9%，在亚热带约占25%，在寒温带大约11.9%，另有2.3%的湿地分布在其他区域。

中国是世界上湿地资源最丰富的国家之一，中国湿地面积辽阔，类型多样，在世界湿地资源中占有重要地位。辽阔、丰富、多样的中国湿地资源，在维持自然生态平衡、保护生物多样性、蓄洪防涝抗旱、发展农牧渔业生产、提高工业生产原料、安置移民人口和缓解人地矛盾等方面，一直发挥着重要的作用。据第二次全国湿地资源调查统计，中国湿地总面积5360.26万公顷（另有水稻田面积3005.70万公顷未计入），湿地率5.58%。在中国境内，从寒温带到热带、从沿海到内陆、从平原到高原山区都有湿地分布。东至中国东部沿海滩涂和黑龙江三江平原沼泽湿地，西至新疆帕米尔冰雪高原边缘的湖泊湿地，南至南部沿海的红树林和南海的珊瑚礁，北至内蒙古和新疆沙漠地区坎儿井和内陆咸水湖，中国湿地表现为一个地区内有多种湿地类型和一种湿地类型分布于多个地区的特点，构成了丰富多样的组合类型。

中国湿地可分为8个主要区域，即东北湿地、长江中下游湿地、杭州湾北滨海湿地、杭州湾以南沿海湿地、云贵高原湿地、蒙新干旱湿地、蒙新半干旱湿地和青藏高原高寒湿地。中国东部地区河流湿地多，东北部地区沼泽湿地多，而西部干旱地区湿地明显偏少；长江中下游地区和青藏高原湖泊湿地多，青藏高原和西北部干旱地区又多为咸水湖和盐湖；海南岛到福建北部的沿海地区分布着独特的红树林和亚热带及热带地区人工湿地。青藏高原具有世界海拔最高的大面积高原沼泽和湖群，形成了独特的生态环境。类型多、分布广、区域差异显著、生物多样性丰富是中国湿地的显著特点。

湿地，是大自然赐予全人类的美丽的生态家园。

第二章　生命之水的源泉

水，孕育了万物，是人类生命的源泉。有了水，才有了各种生物的新陈代谢，才有了人类的繁衍生息，才有了生机盎然的大千世界。然而，我们人类居住的地球表面，供人类生存的淡水仅有2%左右，而在所有淡水中85%又储存于两极冰川与永久性的“雪盖”之中。湿地在输水、储水和供水方面发挥着巨大效益，其最重要的价值之一就是涵养水分，净化水质，储蓄淡水资源。河流、沼泽与湖泊等湿地为无数生命提供生存的栖息地和家园，湿地是生命之水的源泉。

湿地是淡水之源。人类的生活用水、工业用水和农业用水的水源主要来自水库、池塘、溪流、江河、湖泊等各类湿地，湿地是地球上淡水的主要储存库，具有提供充足淡水、补充地下水的能力。湿地能够源源不断地供给水源，是陆地上的天然蓄水库。中国湿地维持着约27000亿吨淡水，占全国可利用淡水资源总量的96%。除直接供水外，湿地还具有重要的间接供水能力。湿地的间接供水是通过对地下水位和河川径流的控制补给来实现的，面积广大的湿地是一定区域范围内地下水的基础，对于其周围地下水位起稳定作用。湿地可增加大气中的含水量，而大气再以降雨的形式将空气中的水分降回地表，形成的水流可以从湿地移至地下土层，来补给地下水；当地下水充足时，湿地水流向上移动变为地表水，以此来排出地下水，调节河川径流，从而对地表水及地下水的天然优化配置起到一个屏障作用。在地表水向地下水转化的过程中，湿地能够通过保持营养、沉积污染物而起到净化水源的作用，使水质天然优化，并可防止有价值的沉积物被冲到江河中，从而维持水的良性循环，促进水资源的可持续利用。

湿地可以平衡淡水水盐。对沿海湿地而言，在地势低缓的泥沙质海岸地区，海水由于压力作用，向陆地地下形成侧渗。当陆地地表淡水丰富时，即可不断补充地下淡水，使地下海水、淡水压力和水盐含量达到平衡，从而有效地

避免或控制陆地地下盐水水位上升，保护陆地淡水水源。对内陆湿地而言，当夹带过量盐分的水体流经湿地时，因湿地水流流速变缓，水体中夹带的过饱和盐分逐渐析出，或者沉积在湿地之中，或者被湿地植被吸收，使流向下游的水体盐分含量相对下降，起到平衡地表淡水水盐的作用。

湿地具有强大的净水功能。湿地不仅可以提供丰富的水源，还具有很强的降解污染的能力。许多自然湿地生长的湿地植物和微生物，通过物理过滤、生物吸收和化学合成与分解等，把人类排入湖泊、河流等湿地的有毒物质转化为无毒、无害甚至有益的物质。湿地可以吸收和转化某些可能导致人类癌症的重金属和化工原料，使水体得到净化。水葫芦、香蒲和芦苇等被广泛地用来处理污水，用来吸收污水中浓度很高的重金属镉、铜、锌等。正因为湿地在降解污染和净化水质方面的强大功能，湿地被誉为“地球之肾”，被称为“天然净水器”。

湿地能够调蓄洪水，减轻洪涝灾害。湿地在多雨季节和河流涨水季节，可以分流过量的水分，调节河川径流，补充地下水，削减洪峰，均化洪水，减轻和控制洪涝灾害，维持区域水平衡。在多雨或河涨时节，它们能够像海绵一样，吸足、储存起过量的水分。在枯水季节，湿地则可将洪水期间容蓄的多余

调节流量，初级的洪水控制——湿地贮存洪水

水量向下游或周边地区排放，起到抗旱和缓解下游用水紧张的作用。在处理水的过程中，湿地往往表现出比江河更大的消洪抗灾能力，而不像一般的江河，雨大时泛滥成灾，无雨即干枯见底。基于对湿地调蓄洪水能力的科学认知，美国学者提出恢复沼泽湿地以大幅度提高河流防洪能力的新思路。湿地是蓄水防洪的天然“海绵”，被誉为“天然水量调节器”。

湿地还起到防浪促淤的作用，被誉为“自然界的土木工程师”。对于沿海滩涂和河湖滩地而言，无论是海浪还是湖浪或是河水激流，对河湖、沿海堤岸以及附近滩涂、滩地上的农田、鱼塘、盐田甚至村庄，都会因冲刷或冲击作用而遭到不同程度的破坏。因此，湿地又被誉为“海岸卫士”。沿海沿湖地区的周期性波浪，还可以将海底或湖底的泥沙不断向岸边湿地冲刷，夹带泥沙的海水、湖水，遇到植被阻拦，流速和冲击力减弱，使水中泥沙逐渐沉淀淤积成新的陆地，因此湿地又被称为“促淤造陆的先锋”。

……

为了强调水的重要性，《关于特别是作为水禽栖息地的国际重要湿地公约》（简称《湿地公约》）要求缔约国努力保持湿地在维持稳定健康淡水上的巨大作用。2002年世界湿地日的主题为“湿地：水、生命和文化”，2005年的主题确定为：“没有湿地就没有水”，提醒人们关注淡水的同时，也要关注湿地。人类的命运和湿地的命运息息相关，保护好湿地的健康，确保淡水资源的安全，是保持全球可持续发展的关键。

第三章　自然资源的宝库

广阔多样的湿地，蕴藏着丰富的资源。湿地是众多植物和动物（尤其是水禽）生长的乐园，同时向人类提供食物（水产品、禽畜产品、谷物）、能源（水能、泥炭、薪柴）、原材料（芦苇、木材、药用植物），是人类赖以生存和持续发展的重要基础。湿地是经济社会发展的战略资源和地球上生物物种赖以生存的重要场所，是具有多功能和高价值的生态系统。

湿地生物资源包括湿地植物、湿地动物和湿地微生物。湿地是植物的海洋，繁花似锦的湿草甸、郁郁葱葱的芦苇、出污泥而不染的荷花、海岸卫士红树林……沼泽植物、盐沼植物、红树植物、浮游植物、挺生植物、底栖植物，丰富多样的植物类型展现在人类面前的是一幅幅充满生机的绚丽多彩的画卷。湿地是众多动物的乐园，例如，水鸟、鱼类、兽类、昆虫，湿地是它们栖息、繁衍的家园。许多自然湿地不但为水生动植物提供优良的生存场所，也为许多珍稀濒危野生动物，特别是水禽提供了必需的栖息、迁徙、越冬和繁殖场所。湿地是生物多样性的保护神，被当之无愧地誉为“生物超市”和“物种基因库”。

淡水湿地在全球各类生态系统中被认为是物种最丰富的。河流、湖泊、沼泽等淡水生态系统面积虽然只占地球表面积的0.8%，却拥有全球12%的动物物种，有记载的淡水水生物达44000种，占全球全部已知物种的2.4%。全世界有记载的鱼类22000多种，其中，淡水鱼8400多种；全世界有记载的淡水藻类25000多种；全世界自由生活的原生动物中，在淡水中生活的种类有5000～6000种。而且还有更多非水生生物与淡水生态系统息息相关，如在欧洲25%的鸟类和11%的哺乳动物，以淡水湿地作为其主要繁殖和栖息之地。

水鸟是湿地生态系统中不可缺少的组成部分，被称为“湿地精灵”。目前，全球共有9000多种鸟生活在人类身边，在鸟类世界中，湿地生态系统作为水鸟栖息地居于无可替代的地位，包括觅食、栖息、遮蔽、筑巢、繁殖、越冬、迁徙停歇等，水鸟都离不开湿地。仅在亚太地区，就记录到至少404种水禽，其中，243种每年一度沿较为固定的路线进行迁徙，途径57个国家和地区。以涉禽为例，每年春秋两季沿中亚迁飞路线、东亚—澳大利西亚线路在南北半球之间进行大迁徙，途中停歇和补充食物靠的就是迁飞路线上星罗棋布的湿地。中国湿地是许多珍稀濒危鸟类唯一越冬地或迁徙地必经之路。

湿地有丰富的生物资源，水产品（如鱼类、虾类、贝类、藻类等）、禽畜产品、植物产品（如莲、藕、菱、芡等）是人类重要的食物来源。湿地产物如水稻、芦苇等具有重要的经济价值。如今稻米养育着全球近半数人口，成为世界上食用人口最多、历史最悠久的农作物。湿地盛产鱼类，世界渔业产量超过了牛、羊和家禽、鸡蛋的生产量，世界上有10亿人依靠鱼类作为他们主要的蛋

白质来源。湿地还可以通过各种方式为人类提供能源。水电清洁而无污染，是湿地对人类慷慨的馈赠。泥炭湿地既是优质的肥料，又是优良的燃料，还是优质的酿酒媒介。泥炭最大的本领是过滤——它能够把哪怕最浑最脏的地表水变成最清的纯水，保存进地下。据统计，全世界泥炭中的总炭量4600亿吨，平均年积累量985万吨。世界河流纵横交错，许多河流湿地便是天然的水路交通的干道。有些地方没有天然的水运航道，人类便建造了人工运河。京杭大运河、苏伊士运河堪称其中的典范。京杭大运河，沟通了海河、黄河、淮河、长江和钱塘江5大水系，成为南北方交通的大动脉，对巩固中国的统一、促进南北经济文化交流和发展，起到了重大作用。它是中国乃至世界上开凿最早、规模最大、流经里程最长的通航运河。埃及苏伊士运河建成后沟通了红海与地中海，使大西洋经地中海和苏伊士运河与印度洋和太平洋连接起来，具有重要的经济意义和战略意义……

湿地对于保护物种资源、维持生物多样性具有难以替代的生态价值。湿地还为人类提供了大量必需的生产资料和生活资料，湿地资源的开发利用对推动社会的文明进步与经济发展发挥了并将继续发挥着更加重要的作用。

湿地的开阔水域提供了航运条件

第四章　全球气候的调节与指示器

湿地与气候变化之间的关系是相互影响、相互作用的。作为温室气体的储存库、源和汇，湿地在缓解气候变化方面发挥着重要作用。在减缓气候变化影响方面，湿地主要起到两方面的作用：一是在温室气体（尤其是碳化合物）管理方面的作用；二是在物理上缓冲气候变化影响方面的作用。同时，气候变化对湿地的功能、面积和分布也产生着重要影响。湿地是气候变化的调节器，又是气候变化的指示器。

湿地是全球最大的碳库，全世界所有湿地面积之和仅占地球陆地面积的6%，但它却拥有陆地生物圈碳素的35%，碳总量约770亿吨，超过农业生态系统（150亿吨）、温带森林（159亿吨）和热带雨林（428亿吨）。温带和热带泥炭地是碳储量最高的湿地，其储存的碳总量约为540亿吨，占全部湿地碳储量的70%左右。例如，若尔盖泥炭地总面积4900平方千米，泥炭深度为0.3～8.8米，泥炭总量估计在10亿～40亿吨之间。此外，沿海湿地和红树林也被认为是碳吸收最重要的海洋生态系统，单位面积的红树林沼泽湿地固碳是热带雨林的10倍。

如果温度升高、降雨减少或土地管理措施引起湿地土壤变化，湿地固碳功能将大大减弱或消失，湿地将由“碳汇”变成“碳源”。湿地中有机残体的分解过程产生大量的有机气体，其中，最重要的是温室气体二氧化碳（CO_2）和甲烷（CH_4）。这些温室气体源源不断地释放，绝大多数直接进入大气中。全球天然湿地每年释放的CH_4约为10亿～20亿吨，全球水田每年CH_4的释放量约为2亿～15亿吨，它们分别占全球总释放量的22%和11%。从全球角度看，如果沼泽全部排干，则碳的释放量相当于目前森林砍伐和化石燃料燃烧排放碳量的35%～50%。大气中CO_2和CH_4等温室气体积累，会加强温室效应的影响而使地球表面温度逐年上升，从而对全球气候产生重大影响。保护和恢复湿地，减少温室气体的排放，增加湿地对温室气体的吸收和储存，是减缓气候变化的一项重要措施。

红树林被砍伐，会发生洪灾及海岸线被侵蚀

红树林被砍伐，易遭暴风侵袭

红树林可以保护海岸线及控制洪水

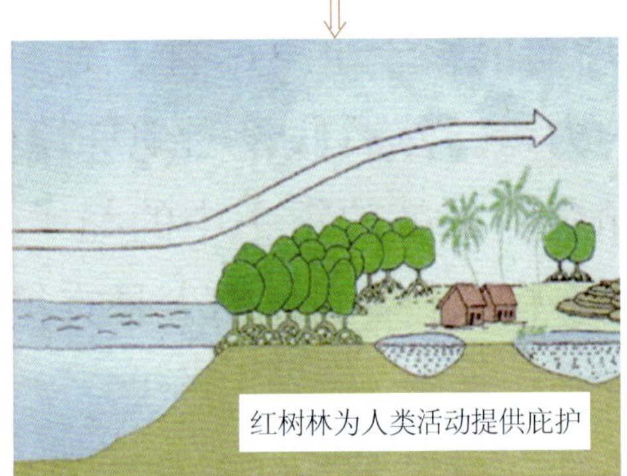

红树林具有防风的作用

在湿地影响气候变化的同时，气候变化又对湿地产生了重大的影响，主要包括：水循环变化对内陆湿地的影响；海水温度升高、海平面上升对沿海湿地和珊瑚礁的影响以及其他气候变化对与湿地相关的农业生产的影响；同时，也包括由于气候变化影响人类活动进而间接影响湿地。许多湿地类型是全球气候变暖的指示器，如红树林、珊瑚礁、泥炭层湿地等。

温度、降水量和蒸发量变化对河流和湖泊等内陆湿地的流量和水位变化有着严重影响。干旱和半干旱地区的河流和湖泊湿地对降水变化尤其敏感，降水变化可以大大改变湿地面积。例如，由于喜马拉雅山脉冰川的融化，在亚洲半干旱地区，永久性的河流夏季将出现短期到中期的流量增加，如果冰川消失，随后流量将会减少。另外，温度的升高也将可能导致湖泊水质下降，而它也能促进外来物种（如风信子、鼠尾草）的入侵和蔓延。其他内陆湿地也将受到气候变化的影响。中、高纬度地区大量冻土层的减少，会导致该地区泥炭地的减少，从而造成大量的CO_2和CH_4不断释放到大气中。同样，蒸发量的增加和降水量的减少也会对热带泥炭地产生不利影响。

全球气候变暖导致海水温度升高、海平面上升及风暴活动频繁，进而对沿海湿地产生重大影响。海平面上升会导致许多河口、海岸滩涂、红树林等湿地淹没。海水温度上升导致地表寒带的泥炭冻土融化，加速分解消失，又进一步加速了全球变暖的进程。全球气候变暖导致地表—大气的水平衡失调，许多珍稀濒危动植物将会灭绝，生物多样性也会减少。世界许多三角洲是迁徙涉禽的重要停歇地，海平面上升和其他与气候相关因素引起湿地的变化会威胁水鸟和其他野生动物的存在。与湿地相关的农业生产也会受到气候变化的影响。湿地植物水稻是人类的主要食物，是世界上最重要的农作物之一。在亚洲的热带地区，微小的升温就会对水稻产生不利影响。水稻面积的变化又相应地改变CH_4的释放，这对水稻的生长具有重要影响。气候变化改变着人类活动，从而对湿地产生了间接影响。由于气候变化影响地区特别是干旱和半干旱地区的水循环，因此降水减弱，干旱发生的频率与持续的时间增加。人类对干旱的应对通常是加大对淡水的利用，以满足城市与农业用水。这将会造成河流流量的减少、湖泊的消失，以及水位更大幅度的波动，从而导致湿地功能的下降和退化，进一步加大了对湿地的压力。

湿地影响着气候，是气候的调节器；气候也影响着湿地，湿地是气候变化的指示器。湿地是极为重要的生态系统，保护与合理利用湿地的目标如不考虑气候变化，则不可能实现。如果湿地不断退化和丧失，将加速全球气候变化。保护和恢复湿地生态系统是减缓全球气候变暖的重要措施。

影响湿地水循环和水文

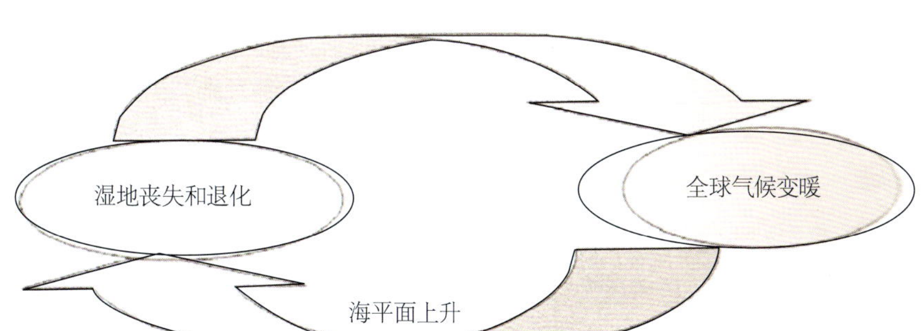

加大温室气体排放

第五章 人类文明的摇篮

湿地是人类赖以生存的家园。在生产力水平低下的远古时代，人们不得不依赖气候适宜、水源充沛、土地肥沃的自然环境来耕作生息，聚合部落。纵观古今，放眼寰宇，人类的文明史就是江河的历史。世界上许多河流、平原湿地都为养育古代文明提供了这样一个可靠的栖息地，成为孕育人类古老文明的“摇篮”。历史上，悠久而伟大的尼罗河造就了光辉灿烂的金字塔古埃及文明，幼发拉底河与底格里斯河是古巴比伦文明的摇篮，恒河和印度河是孕育印度文明的胎盘，长江与黄河同心协力、和衷共济创造了华夏文明。没有湿地就没有

人类社会的进步与发展，也就没有现代人类的文明与文化。在目睹了自然、生命变迁的同时，湿地也见证了文明、历史的演变。

公元前5000年左右，非洲大陆上一个游移不定的原始部落走出森林，向尼罗河谷迁移，这就是后来的古埃及人。尼罗河是非洲内陆的一条大河，每年夏季，上游雨量充沛，造成河流定期泛滥，上游的泥沙和植物残骸冲刷下来，把两岸的盆地和三角洲变成水乡泽国，沉淀出一片适合谷物生长的肥沃湿地。原始人群寻找合适居所时，发现了这一片富饶美丽的土地，而后定居下来。他们排干沼泽，开沟筑坝，耕种畜牧，种植大麦、小麦和亚麻，使这个地方成为著名的粮仓；继而开凿运河，创造文字，建造金字塔。在公元前3000年左右，他们建立了世界第一个统一的奴隶制国家——古埃及，并充分利用尼罗河一年一度汛期的自然造化，延续了埃及文明，成为世界上为数不多的几个古文明连续性国家。古代巴比伦文明在神奇的幼发拉底河、底格里斯河发源。两河流域孕育了灿烂一时的古巴比仑。在幼发拉底河和底格里斯河冲击下，泛滥的河水溢出河道，积淀为美索不达米亚平原。5000年前，苏美尔人、阿卡德人从河岸的山丘之上迁移到河谷平原安家落户，利用得天独厚的水利资源发展农业，先后建立了古巴比伦王国、亚述王国，创造了两河流域文明。

印度河与恒河的奔流、贯通孕育了古老的印度大地的文明。古印度的德干半岛，境内湖泊纵横，土地肥沃，四周高山环绕，森林密布，印度河和恒河把高原上的土壤带到下游沉积起来，形成肥沃的恒河平原和三角洲。在这片广袤的平畴沃野上，人们利用灌溉之便发展农业，渐渐使这里成为一个人口兴旺、文化发达的地区。

黄河和长江滋养了中华民族的血脉，在中华民族与河流相互依存的漫长历史过程中，创造出灿烂的古老的中华文明。早在旧石器时代，黄河、长江流域就有人类活动的足迹。自殷商至北宋的2500年间，黄河流域已经成为中国政治、经济、文化中心，一部中华民族的文明史就这样伴随着湿地而诞生。

四大文明以外的其他古文明的起源也都与河流、海滨密切相关。爱琴海孕育的古希腊文明，台伯河孕育的古罗马文明，红海孕育的阿拉伯文明，墨西哥湾孕育的玛雅文明，还有欧洲的英国、法国、德国、芬兰、瑞典、挪威等许多国家，都是傍依河流、海滨、湖泊、沼泽发展起来的。城市作为人类文明高度集中的体现，它的出现往往也都是在几条大河的交汇处和河流入海口，像威尼斯、维也纳、阿姆斯特丹、剑桥、哥本哈根、曼谷等一些政治、经济、文化中心都市，本身就是建造在湿地之上的。有的历史学家把湿地资源称之为“历史的哺育之地和教养之家”。

湿地不仅是生命的摇篮、历史文明的源头，还是人类文化传承的载体。人类渔樵耕读的生活方式，赋予了湿地深厚的文化底蕴和独特的文化形态。湿地具有鲜明的文化特征，以其特有的美学、教育、文化、精神等功能，涵盖了音乐、艺术、文学等方面；湿地是鲜活丰富的文化，是人类艺术创作的源泉。湿地是一部内容丰富、包罗万象的教科书，一座取之不尽、用之不竭的精神宝库。

湿地是大自然给予人类的最慷慨的馈赠，独特的湿地景观资源，使人们流连忘返，或拓人视野，或启人心智，或促人思考，或催人奋进，在娱乐和欣赏中陶冶情操，进而使人类了解自然，学习自然，敬仰自然。

悠悠古湿地，万年活化石。湿地保留着过去和现在的生物、地理等方面演化进程的信息，具有十分重要和独特的价值。在湿地生态系统与人类渔樵耕读的文化交合演替中，湿地承载和记录了大量自然和生命变迁以及人类文明。

第六章 人与湿地和谐共存

人类对湿地的认识不少于10000年，对湿地的开发利用也具有上千年的历史，利用方式多种多样。中国对湖泊的围垦开发从春秋战国时期就已经开始。"山有多高，水有多高"的梯田，是祖祖辈辈依山傍水生活的人类顺应自然，用勤劳智慧的双手，历经数千年躬耕而成，是人类利用湿地造福的典范。距今已有2000年历史的都江堰的成功修建，使大约20万公顷农田得到灌溉，使原来旱、涝多灾的成都平原变成了"沃野千里"的"天府之国"，是中国乃至世界古代水利工程最杰出的代表，是人与环境和谐相处的又一典范。2000年11月，

湿地学校建设与发展

第一章 湿地学校

湿地学校从创建之日起，就有一个非常明确的目标，即保护湿地生态教育从学生做起，在学校教育教学管理之中渗透湿地生态保护意识与行动。

第一节 湿地学校的性质与任务

一、湿地学校的概念

湿地学校是指在实现基本教育功能的前提下，以可持续发展思想为指导，在日常管理和教学工作中全面渗透湿地生态保护思想，充分利用校内外一切资源和机会，通过开展形式多样的湿地生态教育教学活动，全面提高师生湿地生态保护意识的学校。

湿地学校是由国内积极开展中小学湿地生态教育活动并取得一定成果与经验的学校以及从事湿地生态环境保护、建设、管理、研究的企事业单位，依托国家全日制学校（包括幼儿园、小学、中学、中专院校）和湿地公园、湿地自然保护区所建立的场馆学校，是对学生及社会公众进行湿地生态教育的相关机构。

湿地学校包含湿地公园、湿地自然保护区内面向社会公众开放、以湿地生态教育为目的、开展各类宣传教育活动的场馆，也是众多青少年大自然课堂的实践基地。

湿地学校建设的宗旨，就是坚持保护湿地生态教育从少年儿童抓起，将湿地生态保护意识和行动贯穿于学校教育教学管理之中，还要通过学生带动家长，并辐射全社会。

湿地学校建设的范畴，即国内各级各类学校（包括幼儿园、小学、中学、中专院校），在湿地公园、湿地自然保护区内利用各类活动创建的场馆学校。

二、湿地学校建立的基本条件

湿地学校是能利用湿地资源，坚持规范化、系统化地开展湿地教育，在环境教育方面有特色的学校；是湿地生态教育成果丰硕的学校；是师生对湿地生态保护有责任意识的学校；是倡导先进生态文化理念的学校；是环境整洁优美的学校；是开放性的湿地教育平台。一切从事湿地保护、建设、管理和研究的企事业单位，以及关心和有志于推动湿地学校发展的社会各界人士，都是湿地学校的支持者与合作伙伴。建立湿地学校应具备以下基本条件。

1. 学校有意愿积极主动承担湿地生态、湿地保护教育的责任，办学有特色且办学声誉在当地有一定品牌效应。

2. 学校有一支立志湿地生态、湿地保护教育的骨干教师队伍，并根据当地与学校自身条件，开发或选用了适宜的湿地教育校本教材。

3. 学校有湿地公园、湿地类型自然保护区作为湿地教育活动基地，或在校园内建有湿地展示室、展示区，积极开展以湿地生态认知、湿地保护为主题的实践活动。

4. 学校在湿地教育、湿地生态保护教育方面已经取得显著成果，有一定影响力，并积极参与“世界湿地日”“爱鸟周”“国际生物多样性日”“世界野生动植物日”等节日的公益性生态教育活动。

5. 学校有当地教育主管部门的人力支持扶助，有当地业务主管部门的同意和推荐。

湿地学校由中国湿地学校网络委员会、国际湿地（北京源河国际湿地文化交流中心）命名。

三、湿地学校担负的任务

湿地学校应该做到：

1. 遵守宪法、法律和国家、地方的相关政策法规，遵守社会道德风尚，弘扬生态文化，共建生态文明。

2. 倡导“守护湿地，认识自然，保护环境”从少年儿童抓起的启蒙教育理念，加强交流和合作，共同探索青少年湿地保护教育的新思路、新方法，共享青少年湿地保护教育的新成果。

3. 遵循科学发展观理念，不断提高中小学生湿地保护意识，推进全社会生态意识形成和湿地保护的自觉行动，促进学校教育与生态文明建设同步协调发展。

4. 通过开展湿地生态保护教育，激发学生认识湿地、保护湿地的兴趣与好奇心，促使学生改变行为模式，进而参与传播湿地科学知识，以及可持续的湿地保护与利用模式。

5. 在湿地生态保护教育实践活动中，让学生亲历、参与和体验，拓展学生的意识和感知，提高学生的创新能力、实践能力以及协调合作能力。

6. 唤起公众湿地生态保护意识，通过走进自然、亲近湿地，在自然环境中体验，激励更多的人参与到湿地保护中来，赢得湿地美好的明天。

四、生态文明建设与湿地学校建设

生态文明是人类遵循人与自然和谐发展规律，推进社会、经济和文化发展所取得的物质与精神成果的总和；是指以人与自然、人与人和谐共生、全面发展、持续繁荣为基本宗旨的文化伦理形态。它是对人类长期以来主导人类社会物质文明的反思，是对人与自然关系历史的总结和升华。其内涵包括：人与自然和谐的文化价值观；生态系统可持续前提下的生产观；满足自身需要又不损害自然的消费观。

生态文明建设是关系人民福祉、关乎民族未来的长远大计。面对资源约束趋紧、环境污染严重、生态系统退化的严峻形势，必须树立尊重自然、顺应自然、保护自然的生态文明理念，把生态文明建设放在突出地位，融入经济建设、政治建设、文化建设、社会建设各方面和全过程，努力建设美丽中国，实现中华民族永续发展。

生态文明建设就是把可持续发展提升到绿色发展高度，为后人“乘凉”而“种树”，就是不给后人留下遗憾而是留下更多的生态资产。生态文明建设是新时代中国特色社会主义事业的重要内容，关系人民福祉，关乎民族未来，事关“两个一百年”奋斗目标和中华民族伟大复兴中国梦的实现。

生态文明建设的根本目的是“努力建设美丽中国，实现中华民族永续发展”，从源头上扭转生态环境恶化趋势，为人民创造良好生产生活环境，为全球生态安全做出贡献，使人类“更加自觉地珍爱自然，更加积极地保护生态，努力走向社会主义生态文明新时代”。

生态文明建设应该从少年儿童抓起，树立尊重自然、顺应自然、保护自然的生态文明理念，把这种理念渗透到学校教育教学全过程是湿地学校的任务

和使命。学校首先是一个传播文化的特定学习场所，是学生获得知识、价值观和行为养成的重要阵地，承担着正规湿地生态教育的基本功能。学生在学校的生活约占学生每天生活的1/3，校园环境对学生潜移默化的影响是显而易见的，因此，通过校园的环境、生活和管理体系传递生态文明可持续发展思想尤显重要。

从湿地环境保护的角度看，学校也被看作是一个环境问题的制造者，它随时随地都会对环境产生不良影响，因此，有必要对学校进行环境管理和规划，以实现学校的可持续发展，同时，学校环境管理活动本身也是师生参与环境保护实践的机会和进行湿地生态教育的资源，有着特定的教育意义。学生可以通过了解校园环境问题的产生和改善，学习环境和社会的知识，理解人与环境的关系，参与校园环境的改善，提高环境素养。

湿地学校建设的意义在于把生态文明建设当己任，利用湿地生态教育的平台，鼓励师生民主公平地共同参与学校湿地生态教育活动，加强学校与社区的合作和联系，在实践参与的过程中发展面向生态文明的基本知识、技能、价值观和道德行为，提高全体教职员工和学生的环境素养，落实环保行动，使其在今后的个人和家庭生活中更加重视湿地环境问题。

湿地学校建设有利于促进学校环境管理体系和相关档案资料的建立，提高湿地生态教育教学和管理水平。通过减少学校对环境的不良影响，回收再生资源，营造优美环境，促进校园环境更利于师生身心健康。

湿地学校建设有利于促进学生、教师、学校、社区、政府、企业、事业单位和民间团体在学校湿地生态教育和管理上的合作。学校可以获得实现湿地学校课程所需要的教育思想、教材和辅导资料，强化素质教育，创建特色学校。

湿地学校建设能提高学校在本地区的声誉和形象，有利于学校自身的发展，并能向当地、全国和国际宣传和交流自己的经验，还能够有效地通过节能、节水、节电、资源回收等措施，提高资源再度利用率，减少事故隐患，明显地减少浪费，节约学校财政开支，加强其内部的管理。

甘肃省兰州市水车园小学学生观鸟活动

湿地学校建设为学生一生的发展奠定了良好的基

础，守护湿地、保护环境、爱护动植物的生态文明理念将会伴随其终生。

总而言之，湿地学校建设有利于学生树立湿地环境保护责任意识，有利于湿地生态环境教育和教育科学研究，有利于少年儿童树立尊重自然、顺应自然、保护自然的生态文明理念，进而通过学生带动家长影响全社会，共同促进生态文明建设。

第二节　湿地学校创建历程

一、创建背景

湿地学校起始于2002年湿地国际—中国办事处、日本湿地与人间研究会(RCJ)、湿地韩国合作组织的“亚洲湿地周——儿童与湿地”交流活动。这项活动主要目的是培养少年儿童对湿地价值与重要性及其合理利用的兴趣与理解；提高少年儿童的湿地生态保护意识，加强东北亚地区湿地教育的信息交流，建立远东湿地教育网络。

2002年和2003年的“亚洲湿地周”活动分别在日本和韩国举办。活动取得了良好的效果，同时引发了我国参会人员的热议：如何做好我国青少年学生湿地生态保护教育？ 创办探索建设湿地学校自此被提上议事日程，并初步形成了共识。

2004年12月，“亚洲湿地周”活动在中国大丰举行。在江苏省大丰麋鹿国家级自然保护区的支持下，湿地国际—中国办事处正式授予江苏省大丰市第四中学为“湿地实验学校”。中国首家湿地学校自此宣告成立。

历经15年发展，中国已陆续有44所中小学校以及3处湿地公园或湿地自然保护区被授予“湿地学校”称号。这些分布在全国15个省份的湿地学校形成了一个网络并不断发展壮大，它们依托当地湿地自然保护区，带领孩子和老师们走进湿地、认识湿地，并通过与东亚和东南亚等地区各国家湿地学校的积极交流，初步形成了具有中国特色的湿地环境教育新模式。

湿地学校强调将湿地环境保护意识和行动贯穿于学校的管理、教育、教学和建设的整体性活动中，引导教师、学生关注湿地生态问题，让青少年在受教育、学知识、长身体的同时，树立热爱大自然、保护地球家园的高尚情操和对湿地环境负责任的精神；掌握基本的湿地生态科学知识，懂得人与自然要和谐

相处的基本理念；学会如何从自己开始，从身边的小事做起，积极参与保护湿地生态的行动，在头脑中孕育生态文明的萌芽；让学校里所有的师生从关心学校环境到关心周围、关心社会、关心国家、关心世界，并在教育和学习中学会创新和积极实践。

湿地学校在整个活动中不仅带动了教师和学生的家庭，还通过家庭带动社区、通过社区又带动社会公众更广泛地参与保护湿地环境的行动。

湿地学校创建初期活动点滴

二、创建过程

1. 2004年

12月，第三届中、日、韩“亚洲湿地周——儿童与湿地”交流活动在江苏大丰举行；授予江苏省盐城市大丰第四中学为中国首家湿地实验学校；大丰麋鹿国家级自然保护区加入“东亚—澳大利西亚迁徙鸻鹬鸟类保护网络”；《湿地保护与教育倡议书》发布。

2004年，全国第一所湿地实验学校揭牌仪式现场

2. 2005年

8月，第四届中、日、韩“亚洲湿地周——儿童与湿地”交流活动在黑龙江扎龙国家级自然保护区举行，主题是“鹤与湿地”；授予齐齐哈尔市扎龙中学为黑龙江省首家湿地实验学校；黑龙江扎龙国家级自然保护区加入“东亚—澳大利西亚迁徙鸻鹬鸟类保护网络”；中、日、韩3国学生、教师发言，展示制作的宣传片，交流保护湿地、保护生态的心得。

齐齐哈尔市扎龙中学被授为黑龙江省首家湿地实验学校

3. 2006年

7月，第五届中、日、韩“亚洲湿地周——儿童与湿地”交流活动在甘肃省兰州市水车园小学举行，主题是“保护湿地，关爱母亲河”；授予兰州市城关区水车园小学为中国西部第一所湿地实验学校；中、日、韩3国湿地专家介绍各自国家湿地保护情况，青少年进行了交流发言。

甘肃省兰州市水车园湿地实验学校揭牌合影

4. 2007年

12月，第七届中、日、韩、马、泰“亚洲湿地周——儿童与湿地”交流活动在江西省南昌市举行，主题是“走进鄱阳湖——白鹤王国”；授予南昌师范附属实验小学为江西省南昌市湿地实验学校；来自中国、日本、韩国、马来西亚、泰国的师生就湿地教育未来发展模式开展交流座谈。

南昌师范附属实验小学被授为江西省南昌市湿地实验学校

5. 2008年

12月，第八届中、日、韩、马、泰“亚洲湿地周——儿童与湿地”交流活动在广东省湛江市举行；授予湛江第一中学、湛江第二十中学、湛江田家炳中学、湛江第一中学金沙湾学校和湛江坡头第一中学等5所学校为湿地实验学校；召开了红树林保护与管理高级研讨会；中、日、韩、马、泰5国青少年开展了湿地学校文化和湿地保护活动交流；组织了“喜粤挚友营　走进红树林”大型文艺演出。

湛江第一中学、湛江第二十中学、湛江田家炳中学、湛江第一中学金沙湾学校和湛江坡头第一中学等5所学校被授为湿地实验学校

6. 2009年

洪湖市第一小学获湿地实验学校殊荣

11月，第十三届“世界湖泊大会暨中日韩湿地学校师生交流活动”在湖北省武汉市举行；授予湖北武汉华中里小学和洪湖市第一小学为湿地实验学校；召开了世界湖泊大会“儿童湖泊湿地保护”研讨会；中、日、韩3国师生考察武汉市张渡湖自然保护区。

12月，中、日、韩、马、泰5国湿地学校网络交流在泰国甲米举行，主题是“分享泰国湿地文化”；授予泰国甲米阿玛学校为湿地实验学校；5国师生围绕“我与湿地保护”进行了交流，10余所中小学校老师和学生作主题发言；游览了Thapom Klongsongnam红树林湿地公园和Nopparat Thara海滨，参观了海洋鱼类繁育中心，重点考察泰国第五个国际重要湿地——甲米河口与海湾湿地。

中、日、韩、马、泰师生进行湿地考察交流

7. 2010年

12月11日，“中国湿地学校网络委员会”成立大会在江苏大丰麋鹿国家级自然保护区召开；授予大丰高级中学、大丰市第六小学为湿地实验学校；大会向师生代表赠送了《走进湿地》科普读本，举办了湿地教育培训班；参观了大丰3所湿地学校的湿地教育成果展。

“中国湿地学校网络委员会”在江苏大丰麋鹿国家级自然保护区成立大会现场

8. 2011年

3月，中、日、韩、马、泰、孟湿地学校交流活动在马来西亚沙巴州山打根市举行；6国的学校师生走进卡必里—西必洛森林自然保护区原始热带雨林，参观西必洛人猿恢复中心，考察雨林发现中心，体验当地社区传统捕鱼养鱼，交流知识、结交朋友。

辽宁省盘锦市辽河油田兴隆台第一小学被授为“湿地实验小学”授牌仪式现场

9月，在辽宁省盘锦市辽河油田兴隆台第一小学举行该校成为湿地实验小学的授牌仪式；辽河油田兴隆台第一小学介绍了学校环境教育活动情况，学生代表宣读了保护湿地倡议书。

中、日、韩、马、泰、孟6国湿地学校师生齐聚马来西亚

10月，“可持续发展：湿地与儿童交流活动”在江苏省无锡市举行；中、日、韩3国儿童介绍家乡湿地和自己开展的保护湿地行动；参观无锡梁鸿国家湿地公园，观察湿地生物、思考讨论可以让湿地变得更健康的办法；为亚洲湿地论坛准备了《给参加亚洲湿地论坛的叔叔阿姨们的一封信》；来自湿地学校的老师召开了湿地学校交流讨论会和第二次中国湿地学校网络委员会会议。

白鹭荻上飞

第二，针对不同年龄、不同接受能力的对象具体分析，在激发学生兴趣的同时，提高学生参与解决湿地保护、湿地生态中存在问题的技能。

第三，湿地学校教育，以培育学生保护湿地生态、自然生态的基本社会道德为己任，把他们培养成保护生态、保护湿地及促进社会和谐发展的参与者。

五、可持续性原则

可持续性原则是湿地学校建设的发展要求。一是，湿地学校旨意培养一支专业教师队伍，成为湿地生态教育的主力团队，保证人才的可持续性。二是，对学生进行湿地生态教育过程中形成的教育方案，在实践中不断加以完善，并将长期为此努力贯彻执行，保证教育方案、教学内容的可持续性。三是，最终形成适合本校教育的方式方法，通过多学科融合、教学内容更新、教学方法创新来保证教学方法的可持续性。四是，湿地学校建设倡导通过湿地学校间相互学习、相互交流、相互借鉴，提高湿地生态教育的效果，确保教学效果的可持续性。

第二节　建设步骤

建设好湿地学校，必须脚踏实地地迈好每一步，分步骤逐步落实到位。

一、成立领导小组

湿地学校建设领导小组由与湿地学校建设相关的各方人员组成，主要包括湿地学校的校长，行政管理人员，中小学教师，当地湿地、教育、环保主管部门的专家学者以及学生家长，环保志愿者和社区代表。同时，可聘请从事湿地保护的技术人员作为学校湿地教学顾问，指导湿地学校建设工作。

二、制订计划

湿地学校的建设，要在湿地建设领导小组的领导下，组织团队成员制订计划。首先，对原有的现状进行分析，因地、因事制宜。制订计划总体考虑的内容包括：为什么要建湿地学校？怎样建设湿地学校？进行湿地保护教育的目标是什么？希望学生学习、体验或感悟到什么？在分析的基础上，确定其目标定位和存在的意义、价值，以及湿地学校可以提供给学生的课程和活动。其次，明确完成计划目标的时间，进行任务分解，责任到人。实施计划的时间，可分长期、中期、短期，长期计划为总方向、总目标，中期计划是按学校自身环境条件制订的适合学校实施的计划，短期计划则是每学期实施的工作内容。再次，制订计划的同时，要落实好完成计划内容的资金和组织保障，以便做到切实可行地开展工作。

三、研发课程

湿地学校为了使湿地生态教育做到常态化、规范化、系列化，就需要研发和编写有关湿地生态教育的校本教材并开展湿地生态教育的实践活动。课程研发详见中篇第四章。

四、建设教师队伍

教师培养是湿地学校持续发展的关键，打造一支专业型的教师队伍是体现湿地学校建设水平的重要指标。

1. 构建核心团队

湿地学校的核心团队一般包括校长，地方湿地、教育、环保部门负责人和专家，湿地生态教育骨干教师、实施者，后勤管理人员等。

校长是湿地学校第一责任人，负责湿地学校的建设规划，湿地学校的经营管理等；地方湿地、教育、环保部门负责人和专家，为湿地环境教育实践教学提供必要的场地、技术支持；湿地生态教育教研组长，主要负责湿地实践教学活动的流程设计及相关实施者的教学工作安排；任课老师是开展湿地实践教学、湿地生态体验活动的组织者、执行人；后勤管理人员具体负责整个活动的前期准备、活动开展过程中的记录和拍摄等资料收集、后期记录总结以及意见收集和资金保障等。

2. 培养骨干教师

湿地学校的湿地生态教育中，骨干教师包括班主任、任课教师及相关学科的教师。班主任负责班级学生的日常管理，对学生及家长比较熟悉，是湿地教育活动最佳实施者；相关学科教师是与湿地保护教育有关的学科教师，可以根据自身教学特长、当地湿地资源，开发具有地方特色的湿地环境教学内容，实施湿地环境教育教学活动。

3. 培养家长志愿者

湿地学校自身教学任务繁重，没有足够的专业教学人员，因此，家长志愿者在湿地学校开展湿地生态教育过程中将起到非常重要的作用，是湿地学校志愿者队伍中长期稳定的中坚力量。湿地学校要建立志愿者招募和培训制度，招募主体可以是学生家长，还可以是师范类、林业、环境保护类专业的在校大学生、研究生，以及社会有识之士。志愿者团队建设要注重对志愿者理念、权利、义务及纪律、基本技能等的培训。

五、建立伙伴关系

湿地学校建设过程中应尽可能充分地利用学生家长以及学校所在区域的社区居民、社团组织、企业、媒体等社会资源，与他们形成良好的伙伴关系。

1. 学校所在社区

社区居民是湿地学校组织校外湿地实践活动的最好帮手，特别是对于低年级小学生，学生家长等社区居民的参与是实践教学活动时效性和安全性的重要保障。

2. 社团组织

湿地学校可以和当地从事湿地保护或环境保护的社团组织合作，从社团组织获得专业的技术支持。

3. 企业

企业志愿者也可以为湿地学校建设和湿地生态教育教学提供专业技术支持和服务。

4. 媒体

媒体宣传是湿地学校扩大湿地生态教育影响力，推动湿地学校建设及发展的重要力量之一。

六、评估及改进

湿地学校建设领导小组和湿地教学实践课程的教研组，都需定期、不定期对湿地教学、实践活动进行分析、总结、评估，根据评估结果及时改进完善工作。

湿地学校建设领导小组要定期对湿地学校的课程建设、湿地学校的组织管理、湿地教学实践活动等方面的开展情况和工作成效、经费保障等进行评估，针对性地改进完善，促使湿地学校的湿地生态教育、社会实践活动得以保障。首先，对审核批准的湿地学校课程计划教育课件的内容（包括学期计划、年度计划以及不同年级的计划）在实施过程中的经费保障情况进行评估；其次，对计划的执行进行期中、期末检查，给予组织保障情况评估；再次，对每个计划的执行效果进行评价，可采取多种形式，例如，学校内部互评自我总结，听取家长意见，聘请相关方面的专家学者进行不同层面的评估、评价等，总结出成效突出的经验、分析出教育实践中的不到之处，并加以针对性地完善、改进、提高。

湿地学校教学实践课程的教研组，要对每个课件计划的执行过程、组织管理、实施成效和教学效果等方面进行分析、总结和自我评价，以便改进、补充和完善今后的教育计划，取得持续提高的成效。首先，对不同教学对象的不同教育计划进行可行性评价；其次，对教学内容及效果和活动组织形式方面进行评价；再次，对实施过程中可挖掘的创新点和新方法加以总结，为今后的湿地教育、实践活动打下更好的基础。

第三节　组建网络

湿地学校网络是各湿地学校通过互联网和会议形式相互交流、相互学习所形成的一种组织形式，是基于国际湿地组织的湿地学校间人与人交流发展起来的互助平台，目的是使全国湿地学校之间互帮、互助、互学，且能更加便捷、畅通、高效地互联。

一、网络的组成

湿地学校网络成员，有在全国范围内积极开展青少年、儿童湿地教育活动并已取得一定成果与经验的湿地学校和拟申请加入湿地学校队伍的单位，有从事湿地生态环境保护、建设、管理、研究的企事业单位和社会组织，还有广大关心和有志于推动中国湿地学校教育事业发展的社会各界人士等。由此成立中国湿地学校网络委员会，推举湿地学校创始人和全国范围内热衷于保护湿地事业的有能力、有学术、有实践的专家学者组成湿地学校网络委员会委员，以完善组织形式，拧成合力，有序推进湿地保护、教育事业的发展。

二、网络建设的意义

我国的湿地学校创建工作从2003年开始，现已有16年的发展历程，来自全国不同地区的湿地学校，在每年一次交流会的形式下形成了全国湿地学校网络。湿地学校的教育成效得到世界同行——各类国际湿地组织的高度评价，尤其是在东南亚进行青少年湿地保护国际交流活动中取得了卓越的成效。湿地学校网络平台，不仅搭建了中外交流通道，使湿地学校师生得到对外学习、交流的机会，更是学习国外好经验、宣传我国湿地保护行动的平台。因此，湿地学校网络建设，对促进湿地学校生态保护意识不断提升具有十分重要的意义。

1. 交流信息，丰富教学经验

湿地学校网络平台是湿地学校对外联系交流、相互学习、共同发展的阵地，是会员发挥自身技能、传播教学和科研成果、提供咨询帮助、交流湿地教学经验的平台，能达到相互学习、取长补短之效果。

2. 扩充知识，提升思考能力

湿地学校首先要启发学生对湿地的好奇心，感知湿地生态系统，了解湿地的结构、功能、功效、福祉等一系列生态与社会相联系的问题，促使学生能观

太湖湿地美景

察、发现当前湿地存在的问题，展开解决问题的思路和对解决方法的思考。学校教师需要通过湿地学校网络，进行湿地学校间的对应性交流、理论培训、实践活动分享等，提高这方面的思维能力和学术水平。网络平台对教师知识扩充和能力锻炼将发挥着重要作用。

3. 挖掘潜能，培植独立个性

湿地学校从师生扩展到家庭、社区及社会的各领域，成为引导社会生态文明的宣传者和行动者。通过湿地学校网络平台登载知识的学习，享受全国各地乃至全世界不同湿地类型的美景和生态领域的不同特点、特性的知识交流，得到最佳的受教育机会，从而发掘自身的内在潜力、独立思考问题的能力，以利于培植独特的个性和人格。

三、网络建设的内容

湿地学校网络建设，一是本着倡导“认识自然、守护湿地、保护环境”从少年儿童抓起的启蒙教育理念；二是对不同领域的公民进行保护湿地生态环境知识的宣传，号召全社会重视大自然生态系统保护，保护生物多样性，为促进大自然的生态平衡做出每个人的自身努力。湿地学校网络平台重点加强湿地学校交流和合作，共同探索湿地保护教育的新思路、新办法和新方向，创造自然生态教育和保护湿地相结合的新成果。通过网络建设，湿地学校可以开展如下工作。

（1）组织开展湿地保护调研、宣传和教育系列活动和面向社会的保护自然大型公益活动，引导公众关注湿地与生态，保护利用湿地与生态，促进社会生态文明的可持续发展。

（2）举行年会、论坛、研讨会、培训等多种形式的活动，搭建国内外各湿地学校相互学习与交流的网络和工作平台。

（3）积极争取相关部门与组织的支持，为各湿地学校提供即时的、相关的资料、信息与学习的机会。

（4）结合学校的教育教学、课程改革等方面，开展与湿地相关的教育科研与课程开发。

（5）认真总结各学校开展湿地教育活动的经验与做法，对湿地保护、湿地生态教育中做出显著贡献的团体会员与个人会员进行表彰。

（6）湿地学校网络委员会接受国际湿地委托，开展一系列湿地学校的授牌、指导、培训等工作。

四、网络的运行

湿地学校网络包含着巨大的教育资源，它集中了全国各地不同湿地学校的教育教学经验、教育资源和学校特色，师生可以利用这个平台，了解湿地知识、湿地教育动态、湿地教育成果等，同时，可以得到国内外学习和培训的机会。湿地学校网络平台良好、持续运行有着重要的现实意义。

保障湿地学校网络正常运行，需要设立中国湿地学校网络委员会，制定章程，按章程进行定期交流活动；以会议、参观、考察等不同的活动形式交流各湿地学校的工作成效，让湿地学校网站成为对外宣传的窗口；定期吸收在湿地保护教育中取得良好成绩的学校加入到网络中来，扩充湿地学校经验交流范围和内容，促使湿地学校网络运行更有成效。

湿地学校网络的良性运行，架起了了解全国湿地资源、借鉴教学经验、交流教学成果的桥梁。充分利用湿地学校网络平台，可以营造让更多人懂得重视生命的同时注重以文明方式获取湿地价值的社会氛围，培养青少年学生科学保护、合理利用湿地的生态文明意识和素养，为全国、乃至全世界推进湿地保护事业的可持续发展做出贡献。

第三章　湿地学校教学

湿地学校的教学应该结合湿地学校所在的区域特色，根据湿地的自然和人文特点，遵循湿地的科学知识规律，遵守一定的教学原则，选择合适的教学模式和教学方法，并进行有效的教学评价，以便达成湿地学校的人才培养目标和教学目的。

第一节　教学原则

湿地学校教学应注意把握体验性原则、本土化原则、渗透性原则、生态学原则以及学以致用原则。

一、体验性原则

教师尽量帮助学生启动视觉、听觉、触觉、嗅觉、味觉五大感觉器官，体验及感知湿地自然，启发和丰富学生的直接经验和感性认识，提高其感知和欣赏湿地的能力，使之获得生动的表象，从而深刻理解和掌握湿地的组成、结构、功能和作用等知识。

师生下到鱼塘体验渔翁抓鱼

二、本土化原则

着眼于当地，立足家乡湿地资源，开展有本地特色的湿地生态教育课。每一处湿地生态系统都有其独特的组成和结构，其所具有的结构决定了它所拥有的功能和作用，以及所能带给人类的福祉。指导学生立足本地的湿地资源，结合生活实践，认识家乡宝贵的湿地资源及其存在的环境问题，让学生能感受到本土湿地文化及生态文明的特点，思考保护湿地资源和解决湿地环境问题的方法，促进家乡湿地生态文明的建设和发展进程。

三、渗透性原则

从节约办学成本和便于实施教学课程的角度考虑，湿地生态教育可渗透在学科教学、校园环境、课外活动、网络互动等学校课程内外教育的各层面。结合学科教学的课堂内外，教师深入挖掘湿地生态教育因素，联系实际生活，并针对学生的认知水平，选择好课内外教学活动中与湿地生态教育的有机结合点，捕捉教学契机，完成湿地教育的渗透，为学生能在学校多种学习活动中获得相应的湿地环境保护知识、技能和情感创造机会。有条件的学校，可编制具有地方特色的湿地校本教材，投入一定的财力、物力，培训师资，专门设置湿地生态教育课程，以弥补湿地环境知识渗透在各学科时的分散化。

四、生态学原则

联合国教科文组织关于环境教育的文件中指出“环境教育不仅要重视社会

体验家乡水源湿地之美

经济问题，而且要强调自然和人工环境的生态学问题，因为这对环境教育的理论和实践都是极为重要的”。由于人类的生产和生活行为对湿地环境的干扰越来越剧烈，湿地资源被不合理和不节制地利用，各种各样的污染物不断被释放到湿地环境中，生命体赖以生存的湿地生态系统遭到严重破坏，形成各种各样的环境问题。

人是自然之子，是地球生态系统的重要成员。人类是一种能动的、有思想意识的高等动物，人类的行为会明显地影响环境质量。生态学原理是人类处理人与自然和谐关系的法宝。因此，坚持生态学原则来编制、实施湿地环境教学课程，使学生在各种学习活动中理解和掌握一些生态学基本概念和知识，认识湿地生态系统的结构、过程和功能价值，是保护湿地资源、解决湿地环境问题的重要途径。

五、学以致用原则

教学过程中善于利用本地案例，帮助学生在认识和掌握湿地理论知识的同时，还学会用基本理论知识去分析身边的湿地环境现象，学会思考并想出合适的办法解决当地湿地环境问题，达到学以致用的目的。

同学们自制简易植物浮床净化农村池塘水质

第四章　湿地学校课程研发

湿地学校教学课程应该尊重湿地科学知识，遵守学校教学原则，创新教学模式，把握教学方法，做好教学评价，结合湿地保护知识及湿地学校所在的区域特色，编制湿地教学课程，使教学课程设置实用可行。

第一节　校本教材研发

一、教材研发的必要性

1. 学校开展课程改革的需要

自21世纪开展第八次课程改革以来，《国务院关于基础教育改革与发展的决定》明确指出，“实行国家、地方、学校三级课程管理。国家制定中小学课程发展总体规划，确定国家课程门类和课时，制定国家课程标准，宏观指导中小学课程实施。在保证实施国家课程的基础上，鼓励地方开发适应本地区的地方课程，学校可开发或选用适合本校特点的课程。探索课程持续发展的机制，组织专家、学者和经验丰富的中小学教师参与基础教育课程改革。”在教育部《基础教育课程改革纲要（试行）》中，更强调“学校在执行国家课程和地方课程的同时，应视当地社会、经济发展的具体情况，结合本校的传统和优势、学生的兴趣和需要，开发或选用适合本校的课程。”

教材是课程之本，所以，在教育部《中小学教材编写审定管理暂行办法》中明确提出，“国家鼓励和支持有条件的单位、团体和个人编写符合中小学改革需要的高质量、有特色的教材，特别是适合农村地区和少数民族地区使用的教材。”随着课程改革的深入发展，校本课程在学校教育教学中地位越来越重

要，湿地学校开发和编写以湿地生态教育为主题的教材已迫在眉睫。

2. 学校办出特色，打造品牌的需要

学校在全面贯彻国家的教育方针，落实好教育教学工作的同时，要充分利用学校和周边的课程资源和平台，结合学校的传统和优势来开发校本课程。要着眼于发展学生的兴趣、特长、爱好，关注学生的个性发展，充分发挥师生的自主性和创新能力，使其具有鲜明的学校特色。湿地生态教育是典型而又最具时代精神的特色教育。湿地学校开发湿地生态教育的校本课程是应生态文明教育潮流而动的，顺应了时代的要求。湿地生态教育校本课程是课堂教学与实践活动的综合体，教材则是学校湿地生态教育最好的显性成果，有利于推动学校特色的建设和品牌的打造。

3. 学校湿地生态教育本土化的需要

不同的湿地学校所处的地理环境不同，毗邻的湿地类型也不会一样；不同类型湿地的生态特征、人文内涵及其所在地区的经济社会发展状况都是不一样的。所以，湿地学校开展湿地生态教育就应将当地湿地作为教育教学的平台和资源，开发和编写相应的校本教材。只有看得见、摸得着的本土化湿地生态教育，才会产生最好的教育效果和社会效应。

学生绘画——“湿地之美”板报

二、教材定位及分类

教材又称课本，它是依据课程标准编制的，是系统反映学科内容的教学用书，教材是课程标准的具体化，是为师生教学应用而选编的材料。湿地生态教育校本教材就应该以综合实践活动课程标准为依据，结合当地湿地的具体情况和学校师生的教学需要来开发编写。

截至2018年底，全国编写开发了80余种湿地生态教育教材，印刷发行了30余万册，遍布23个省份。这些教材可分为3种类型，即通用型、综合型和专题型。

1. 通用型

以湿地国际编写的《走进湿地——中小学湿地保护教育读本》和北京市教育委员会、北京师范大学组织编写的《生命的摇篮——湿地探索》为代表，这些教材比较系统地介绍了湿地的知识，包括湿地的定义和分类、湿地的功能、湿地的生态系统、湿地中的动植物、湿地的现状和保护，等等，能让学生对湿地有比较全面和系统的了解。由于这些教材涵盖了全国的湿地基本概况，并不具体针对某一个湿地，所以教材具有通用性，是在全国任何地方都可以使用的，各地学校可以用这些教材来普及湿地知识。然而，由于缺少本土湿地的内容，作为校本教材就有点缺憾了。

2. 综合型

以江苏大丰的《走进南黄海湿地》，湖北洪湖的《美丽洪湖我的家》为代表，这些教材是编写者根据本地湿地状况与学校教育教学的需要确定的选题，整合多方面素材，涵盖湿地地区的生态、人文、社会经济及湿地保护和可持续发展等方面的内容，是针对本地或本校学生而开发并进行教学的地方和校本教材。这些教材能让学生系统地、全方位地了解家乡的湿地状况，是综合性的教材。类似的教材还有人民教育出版社的《走进生命之河》、湖北黄冈的《家在龙感湖》、云南的《我爱拉市海》等。综合性的湿地教材地域性与针对性比较鲜明，并具有浓厚的地方特色和民族特色，能让孩子“看得见山，望得见水，记得住乡愁”，适合同一个地区的学校共同开发和选用。

3. 专题型

以广东深圳的《我的家在红树林》、湖北石首的《麋鹿回家》、江西鄱阳湖的《白鹤小云》为代表，这些教材是编写者根据当地湿地资源特点与学校教育教学的需要，确定特定的主题，为本地区学生而编写的地方和校本教材。这些教材围绕一个湿地主题（如红树林、麋鹿、白鹤、湖泊等）做文章，说明主

题与湿地的内在联系，再以点带面，逐步阐述湿地是一个完整的生态系统，其间万物都是相互影响的，最终也会影响到人类自己，从而激发学生对湿地的关注度。类似的教材还有广东湛江的《漫步红树林》、黑龙江的《与鹤共舞》、福建厦门的《飞吧，小黑皮》等。专题型的湿地教材主题特色鲜明，针对性、实用性要求明确，有很强的品牌效应。具有独特湿地资源的学校可以开发校本教材。

湿地生态教育教材的3种类型不是决然分开的，三者之间可以相互渗透与包容。武汉市华侨城小学围绕东湖开发了一套《大美东湖》系列教材。从全套教材看是综合型的，但针对低、中、高3个学龄阶段开发的《魅力东湖》《人文东湖》《生态东湖》3本教材又是专题型的，做到了综合型与专题型的统一。

三、研发前期准备

1. 需求评估

开发编写湿地生态教育校本教材是时代发展和社会的需要。校本教材要紧握时代的脉搏，从推进生态文明建设、促进生态环境保护的大背景出发，结合当地社会的发展需要来考虑。

（1）湿地资源：评估当地湿地资源的类型及特色，与学校的距离，湿地主管单位的态度和主动性。

（2）师生情况：评估教师的自身能力与参与热情，学生的兴趣与关注度，这些是需要做一些宣传与铺垫工作的。

（3）能够整合的外部资源：评估教育主管部门的支持，社区与家长的参与，其他科研部门和社会组织可能给予的帮助。

学校应在客观评估的基础上，考虑开发编写湿地生态教育校本教材的事宜，做到既积极争取，但也不急于求成。

2. 组织队伍

开发编写湿地生态教育校本教材的过程也是编写人员能力提升、素质提高和潜力展现的过程。首先，编写人员应以本单位的人员为主，因为他们对当地和学校的情况最有发言权，而且开发编写的过程也为学校培养造就了一批湿地生态教育的骨干教师。其次，要考虑参与人员的能力、经验和学科背景，做到人员结构和学科搭配合理。再次，要有学生代表，听取他们的想法和建议。

3. 专家指导

专家包括湿地专业和教材研发两方面的专家。湿地专业方面，可请湿地自然保护区（湿地公园）的宣教人员和专业技术人员，还有大专院校和科研部门的专业人员，他们可为教材的专业性和科学性把关。教材研发方面，可请教科院（教研室）相关教研员和其他课程改革与教材开发方面的专家，请他们对教材如何开发进行指导。在开发编写前，有必要请专家对参与人员进行培训辅导。

4. 搜集素材

搜集素材应根据学校确定的校本教材类型来进行。如果是综合型的，需要搜集有关湿地的类型、功能、作用，湿地的生态系统，湿地的生物多样性，湿地的现状与保护等方面的素材。另外，与湿地地区相关的人文、社会方面的内容可选择性搜集。如果是专题型的，需要围绕确定的主题来搜集相关的生态、人文、社会和可持续发展方面的素材。无论哪一种类型，都应该注意搜集学校师生参与湿地保护和实践活动的素材，使教材更有教育性和说服力。

素材的来源很关键。建议与湿地自然保护区（湿地公园）及相关的大专院校、科研机构合作，可到图书馆、档案馆去查阅资料，也可走访有关专家和管理人员。对取得的资料要进行筛选，留下最新的、最确切的素材，以保证教材内容的科学性。网上的资料可作为参考，不能作最后依据，以搜集的第一手资料为主。

湿地学校学生绘画——湿地风景图

湿地学校学生绘画——湿地动物

四、教材内容整合

1. 湿地生态教育校本教材的编排

湿地生态教育校本教材一般以综合或专题形式为好，内容应主要以学校及其所在地区的湿地资源为开发对象，充分考虑教师能力特长、财力、外援等客观因素，因力而为，不必一味求全、求大、求高档。容量不宜过多（8～12课），实施时间一般不超过一学年。在搜集素材的基础上，就要考虑如何整合素材内容，形成教材的一篇篇课文。

在服务于每本教材选题的前提下，每一课都应确定一个小主题，把与小主题相关的素材内容整合在一起，形成课文，保证其相对的独立性和完整性。如“湿地概况”“湿地生态系统”“湿地动物”“湿地植物”“湿地的传说”“湿地的保护”等。每篇课文完成后，可采取两种排列形式。其一，直线排列。这种排列方式是对一本教材的内容采取课文环环相扣、直线推进、不予重复的排列方式。在逻辑关系上是递进的关系。其二，分支平行。这种排列方式是把课文分为若干个平行的单元，每个单元所选的课文内容是相近或相关联的。在逻辑关系上各单元是并列的关系，而单元前后之间是递进的关系。整本教材还要注意第一课和最后一课的呼应关系。

所以，在编写湿地生态教育校本教材之前，应在整理筛选素材的基础上，有通盘考虑，确定全本教材有多少课和每篇课文的小主题是否可形成若干单元。要考虑各篇课文间的逻辑关系，做到前后有序，首尾呼应。

2. 湿地生态教育校本教材课文板块的构成

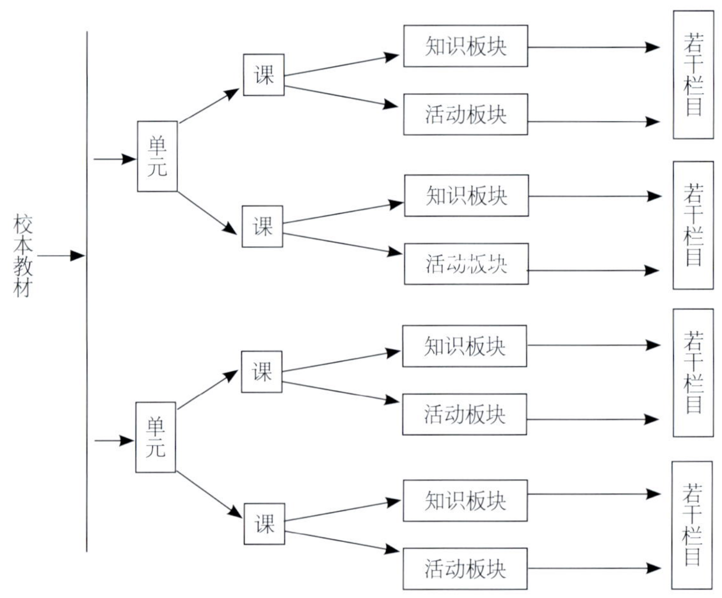

湿地生态教育校本教材课文板块的构成

一本湿地生态教育教材由若干个单元构成，而每个单元又由若干篇课文构成（有时教材会取消单元这个环节，直接由若干篇课文构成）。一般情况下，每篇课文主要由湿地生态教育知识板块和湿地生态教育活动板块两个板块构成，另外根据需要会设置若干个小栏目。

（1）知识板块：介绍本课的知识点，包括基本概念、基本原理、相关的人、事、物。为了便于学生理解，增强可读性，语言尽量做到通俗、生动、活泼，同时配发相应图片与表格，并用资料卡的形式对相关的内容进行补充和拓展。

（2）活动板块：配合课文（知识）的内容，提供多个实践活动方案，包括游戏、实验、调查、制作、探究性学习、小课题研究、班队会等多种形式。教师可根据教学需要，从实际出发，选择全部和部分方案，指导学生有针对性地开展湿地教育实践活动。

在活动中既要注意加强引导与管理，又要充分发挥学生的积极性与创造性，使他们成为活动的主体。在可能的情况下，可举办一些面向公众的社会实践活动，以取得更好的教育效果和社会效益。

黑龙江省齐齐哈尔市扎龙湿地学校学生宣誓活动

（3）板块的搭配：教材的知识板块和活动板块是相互对应、相互渗透的。活动板块是知识板块的深入和发展，各种实践活动既有可操作性，又富有趣味性，从而加深和巩固了对知识板块内容的理解。在教材中，知识板块和活动板块的搭配一般有前置型、交互型、后置型3种。

3. 栏目的设置

湿地教材还可以根据课文的需要设置一些栏目。

（1）引言：对本课内容进行提纲挈领式的概括，以激发学生的学习兴趣，从而引出本章的主题与正文。

（2）资料库（小博士信箱）：对课文中内容做一些补充和延伸，扩大相应的知识面。

（3）拓展：在基本掌握本课内容的前提下，给学生提供一个更加深入、更加广阔的活动空间，使学到的知识能够进一步深化与巩固，并提升他们的创新精神与实践能力。

五、教材研发要点

1. 教材编写的流程

教材编写的流程为：拟定目标→评估需求→确定主题→搜集素材→构建框架→组织编写→讨论定稿→课堂实施→效果评估。

2. 教材编写的原则

创导“在快乐中学习，在体验中感悟，在交流中提高”的理念，理论联系实践，尊重师生个性，鼓励师生探究创新。可将研发编写湿地教材与学校的教育科学研究结合起来，开展课题研究，提高学术水平，取得湿地教育与教（科）研双丰收。

3. 教材编写的体例

（1）栏目、标题、文字、图例、标点符号、数字的使用要规范，做到前后一致。表述用书面语言，文字要生动活泼、通俗易懂，不得用口语和网络语言。

（2）章节、板块的组合要注意递进、并列和呼应等逻辑关系，排序要符合逻辑。

（3）利用信息技术，扩展学习空间，课堂文本教材与课外实践活动并重，形成综合、立体、动态的教学模式。

第二节　湿地生态教育实践活动设计与实施

在湿地学校的湿地生态教育中，实践活动有着不可替代的重要作用，如何设计并实施实践活动是湿地教育的必然课题。

一、实践活动的必要性

1. 有利于学生对湿地的认识和了解

认识和了解湿地仅仅靠课堂传授湿地知识是远远不够的，这样学生对湿地的认识和了解也是非常片面和狭隘的。只有在真正的湿地生态环境中开展一些身临其境的活动，学生在赞叹湿地之美的同时，也会逐步领悟到湿地的功能和作用，才会对课堂上学到的湿地知识有更深刻和全面的理解，对湿地的认识和了解才会得到从量变到质变的提升。

湿地学校学生做湿地水质调查

2. 有利于湿地学校贯彻执行综合实践活动课程

从21世纪初开始，我国教育界开始了第八次课程改革，其中一项重要内容是设置了综合实践活动课程，并规定这是小学至高中的必修课。综合实践活动课程强调以人与自然、人与社会、人与自我3条主线展开活动的过程。就人与自然的关系而论，亲近自然、关心自然、和谐人与自然的关系是当代教育的重要目标，从生态文明建设、生态环境保护、自然现象观察和探究等方面可以衍生出许多系列主题。在教育部《中小学综合实践活动课程指导纲要》“推荐主题汇总”里，就有“关爱身边的动植物”“家乡生物资源调查及多样性保护”“家乡生态环境考察及生态旅游设计”等内容。对毗邻湿地的学校来说，完全可以将当地湿地资源融合到上面主题中，这样，学校的综合实践活动课程既落到了实处，也实现了课程的本土化和特色化。

3. 有利于学生的素养培育和学校的特色发展

参与湿地生态教育实践活动，让学生在真实的自然环境中运用学到的各学科知识来认识湿地，分析湿地保护所存在的问题，从而提出保护湿地的建议和方案，在此过程中，学生的实践动手能力，善于思考的创新精神和勇于承担的社会责任感都得到了提升，使他们终生受益。同样，学校要将湿地教育形成特色和传统，除了开发编写适合当地的湿地教材外，还应适当地组织一些面向校内外的实践活动，与课堂教学相辅相成，使湿地教育的教育效果和社会效应最大化。

外国湿地专家为湿地学校学生讲授湿地保护知识

二、实践活动的定位及分类

实践活动是湿地学校学生按照学校培养目标的要求，参与的社会政治、经济、文化、科技、环保等教育活动，是以学生亲身参与为主要教育途径的特殊教育形式。实践活动的目的是使学生在实践中受到教育，增长知识和才干，获得丰富的实践经验，形成并逐步提升对自然、社会和自我之间再联系的整体认识，具备价值体认、责任担当、问题解决、创意物化等方面的意识和能力。湿地教育实践就是以湿地生态环境为活动平台，让学生运用学到的知识和技能来开展认识、了解和保护湿地的实践活动。

湿地生态教育实践活动可分为3种类型：①调查研究型，是以湿地为教育平台和资源，围绕某一湿地主题开展的调查研究型实践活动；②实验操作型，是以湿地为教育平台和资源，围绕某一湿地主题开展的实验操作型实践活动；③公益社团型，是以倡导保护湿地为目的，面向社会公众的宣传教育实践活动，采取夏（冬）令营、研学等形式，以湿地生态环境为教育平台，开展的认识、了解和保护湿地的实践活动。

三、实践活动的选题

开展湿地教育实践活动第一步就是确定活动主题，从学生的真实生活、兴趣和发展需要出发，从湿地生态环境中发现问题，将其转化为活动主题，通过探究、服务、制作、体验、调查、实验等多种方式，培养学生综合素质和环境意识。

1. 选题的方法

（1）自主选题法：实践是最好的选题途径。在真实的湿地生态环境中，面对丰富的湿地生物多样性及其相互依存、相互影响的社会、人文、经济发展因素，只要认真观察，仔细琢磨，就会有惊喜的发现。所以，应鼓励学生发挥探究精神，通过自己的亲身体验去发现选题的线索。

（2）信息筛选法：信息的来源包括广播、电视、报刊、网络、朋友聚会、文献资料，等等，关注这些信息，会发现很多可供选择的线索。例如，最近媒体报道湖北省龙感湖自然保护区拆除了多座风力发电塔，因为它们阻挡了小天鹅等候鸟的迁徙路线；又如，洪湖自然保护区的渔民上岸定居。这些信息对当地学校来说就是很好的选题。当然对信息要进行筛选，考虑它们的时效性和可操作性。

（3）师生互动法：学生的知识积累和视野毕竟有限，可以通过师生互动的

形式来启发、引导学生发现选题的线索。例如，可以召集有兴趣的学生，通过头脑风暴，让他们对当地湿地生态系统及其周边环境进行剖析，觉得有哪些现象和问题可以考虑作为备选的选题，通过师生之间反复的讨论、分析、研究，再确定选题。例如，武汉市第二十三初级中学在一次讨论中，有学生提出为什么莲花湖没有水生植物，这引起了大家的关注，从而决定进行引入水生植物净化莲花湖水质的实验，最后取得了很好的实验效果。当然师生互动不是盲目的，老师事先应有一定的准备，先进行有针对性的培训，提供必要的背景资料，才会激起学生的热情。

2. 选题的原则

（1）适度的原则：湿地科技实践活动范围广泛，选题可大可小，可难可易。选题要考虑学生的知识水平和能力大小，循序渐进，逐步升级。开始可以做些单一的小课题，通过调查、观察、种植或简单的实验手段就能得到结果，以激起学生的兴趣，并积累经验，在此基础上，再做综合性的、时间较长的、难度较大的课题。

（2）创新的原则：实践活动的选题要注意有独特的思路，避免与他人的选题撞车。但事实上重复的情况也并不少见，关键是指在解决问题的方法、资料的分析和使用、总结报告的撰写等方面有所改进和创新，能从新的角度或以新的方式方法回答或解决湿地的某一个课题，提出自己的新见解。所以，有些准备申报或参加评比的课题最好能查新。至于一些才开始起步的简单课题，就不必苛求，但一定要求学生能独立完成，能有自己的想法，而不是去模仿或克隆。

（3）可行的原则：选题要从实际出发，从参与者自身的能力、湿地资源的状况、需要的设备和器材和可能得到的辅导等多方面考虑，争取能顺利完成课题，达到预期的效果。辅导者应根据参与者的年龄、知识、能力、兴趣等具体情况，提出选题建议，不要盲目追求高、大、全的选题。选题完成的周期不宜太长。另外，选题的结论（结果）应是积极向上的、正能量的，能取得较好的教育效果和社会效应。

以上这些选题方法和原则不是孤立的，它们是相互联系而又相互制约的。系统地掌握和运用这些方法和原则，有利于参与者打开思路，少走弯路，选出理想的课题，取得好的成果。

3. 选题的范围

以当地湿地及其周围地区为资源和平台，既可作调查研究型的，也可作实验操作型的，但选题要小题大做，即从一个方面、一个局部，甚至一个物种切

在老师带领下同学们野外观鸟

野外调查湿地植物

入，不要大题小做，选题大，内容多而杂，不好实施。以下几点都可作为选题的切入点。

（1）动物：鸟类、兽类、两栖爬行类、鱼类等，影响野生动物生存的因素，国家重点保护及特有野生动物，动物与湿地的关系，鸟类的迁徙等可列选题。例如，《湿地水鸟资源的调查》《风力发电塔挡住了水鸟迁徙路》等。

（2）植物：潜水、挺水、浮水植物及其他植物，国家重点保护及特有野生植物，植物与湿地的关系，影响植物生存的因素等可列选题。例如，《水生植物净化水质的实验》《种植水生植物》等。

（3）湿地的破坏与保护：湿地破坏的现状及形成的原因，保护治理的力度、措施及效果，民众对湿地保护的态度及反应等可列选题。例如，《湿地破坏现状的调查》《测量湿地水质》等。

（4）湿地周边状况：所在乡（镇）概况、面积、人口、民族、产业，它们与湿地的关系，人文历史，名胜古迹，民俗传说，美丽乡村与可持续发展等可列选题。例如，《与湿地有关产业的调查》《关于湿地的传说故事》等。

（5）湿地自然保护区（湿地公园）：建立时间，面积及功能区，设施与管理，科研状况及成果，宣传教育工作及效果，社区共建，保护效果及发展趋势等可列选题。例如，《渔民为什么要上岸定居》《美丽乡村与湿地保护》等。

四、实践活动的实施

确定选题后，实践活动的具体实施可分为调查研究型和实验操作型两大类型。

1. 调查研究型实践活动

这种类型活动比较广泛，难度小，容易推广，中小学都可以开展。活动方

式是以现场调查为主，有时辅助一些实验和文献资料查阅，在掌握大量第一手材料的基础上，通过分析、研究、讨论，对选题做出评价和结论，并提出改进意见。

（1）调查研究型的流程：确定选题→制订方案→收集背景资料→人员分工→现场调查和走访→整理分析调查走访所获资料→撰写调查报告。

（2）调查方案的制订和内容：包括选题的提出，调查目的，调查对象和范围，调查的方法与手段，调查的步骤与时间安排，注意事项与工作制度，人员分工，需要准备的器材和附件（调查记录表、问卷、调查访谈提纲等）。

（3）调查的方法：①文献查阅法。通过有关资料和文献，对调查对象的基本概况有个大致了解，对选题涉及的内容（如湿地物种）要重点关注，打好有准备之仗。对收集的资料也可通过文献来对证。文献资料可请湿地自然保护区（湿地公园）提供，也可到图书馆、档案馆查阅。②现场考察法。对调查对象进行实地考察。直接与研究对象接触了解情况，根据调查目的来对应落实相关的人、事、物，获得对调查的湿地环境有亲身的感受，在许可的前提下进行采样和收集标本，通过文字、绘图、拍摄等手段留下现场资料。③访（座）谈法。有目的地走访特定人群，例如，居民、渔民、自然保护区管理人员、专家、政府部门工作人员、中小学生等。访谈前准备好提纲，访谈时直奔主题，提问要简明扼要，态度要谦恭礼貌。对于专业性较强的问题通过座谈的形式向专家请教。

（4）调查资料的分析整理：对获取的第一手资料和数据，在汇总的基础上进行分析、整理和讨论。对有争议的问题和数据进一步核实，然后根据选题的要求，归纳和总结出最主要的素材和数据，为下一步撰写调查报告做准备。

湿地学校组织学生野外观鸟

2. 实验操作型实践活动

按照选题的研究目的，事先制订研究方案，通过实验手段来探求未知或论证事实。这种类型活动有在现场的，有在实验室的，也有特殊安排的，需要参与者有一定的技术和技能，也需要有必要的器材和设备，实施过程中要求有对比和重复，一般比调查研究型实践活动难度大。

（1）实验操作型的流程：确定选题→制订方案→收集背景资料→人员分工→准备器材设备→实验操作并对过程进行记录→对实验结果整理分析→撰写实验报告。

（2）实验方案的制订和内容：包括选题，问题的提出与设想，实验目的，实验对象，实验方法和措施，器材与设备，实验过程记录和数据统计，必要的制度，人员分工等。

（3）实验操作的过程：实验有两种，一是探索实验。研究目的是揭示事物的客观规律，研究结果有突破性，例如，《通过对湿地土壤成分的分析论证湿地的形成》。二是验证实验。这是一种对已知事物通过必要手段进一步求实的研究方法，例如，《水生植物净化水质的实验》和《种植水生植物》等。不论哪一类活动的实验过程都要按照方案实施，不遗漏每一个步骤，不忽视每一个细节，必要时要设立对照组。虽然实验组与对照组条件相同，但要注意发现两者的差异。在实验操作的同时要做好记录，事先就设计好表格，记录数据要完整、准确，重要环节可拍照、录像。对实验结果，不管是否达到预期目标，都要把材料和数据综合起来，进行科学客观的分析，再做出结论。结论有成功的，但也会有失败的。不管成功或失败都要认真回顾，总结经验，吸取教训，这样每个参与者都会有所收获。在总结的基础上再撰写实验报告。对一般学校和刚参与者，建议从简单的单一项目开始，做一些种植、测试的实验操作活动或小范围的调查研究活动，逐步积累经验。

五、总结报告的撰写

将实践活动的实施过程和结果完整地记录下来，以便汇报、交流和推广，这种文字材料就是总结报告。调查研究型湿地实践活动的总结报告又称为调查报告，实验操作型湿地实践活动的总结报告又称为实验报告。

1. 总结报告的基本框架

一份总结报告包括以下基本内容：①活动标题（醒目）；②活动背景（简约）（活动对象的基本概况、选题的目的与意义）；③活动计划（清晰）（目标、时间和进度安排、组织机构和参与人员）；④活动过程（详细）（启动—实

施—结果）；⑤活动效果（透彻）（教育效果和社会效应、收获、体会、反思）；⑥附件及引用资料目录（细致）。

2. 总结报告的具体要求

（1）活动标题：要求简明、确切、形象地表现主题，可以采用以下三种方法。用简练的文字直奔主题，例如，《风力发电塔挡住候鸟迁徙路》；用限定词反映研究的范围与程度，例如，《对武汉市14个典型湖泊治理情况的调查》；用关键词明确报告的性质，例如，《种植水生植物净化水质的实验》。

（2）活动背景：主要叙述活动对象的基本情况，活动准备解决什么问题，开展活动的社会影响与教育意义等。这段文字要求简洁明了，概况性强。

（3）活动计划：活动计划应清晰体现以下内容。一是，活动所需时间及进度表；二是，活动组织结构和参与人员，应体现以学生为主体、教师为主导的理念，充分发挥学生在活动中的主观能动作用；三是，活动目标，要根据活动主题、活动内容并结合学校情况来确定，目标要求应具体、清晰，可量化评估。有些调查研究型实践活动，可做一次问卷调查，以便在活动结束时进行活动的效果对比。活动计划可用表格形式呈现。

（4）活动过程：这是报告的重点，要按照时间进度详细表述，利用表格或流程图展示整体框架，展示活动是如何一步步完成的，包括实施的方法和措施，实施所用的材料和资料的来源，调查测试的手段和数据的处理。报告的结论是调查研究过程的归结，是实验操作过程的答案，应在分析和讨论的基础上予以公布，并给予适当的说明。报告正文要避免面面俱到的流水账，过程要完整，步骤要清楚，但更要注意突出重点、亮点，强调是如何完成的，多用图表和数据表示会更有说服力，可适当撰写一些有趣的活动内容，增加可读性。

（5）活动效果：可从参与者的收获、教育的效果、社会的效应3个方面来透彻地总结活动效果。收获要说足、经验要全面、体会要提升、缺点要清楚、发展要有方向。可再做一次问卷调查，通过活动前后的数据对比反映活动所取得的效果，这样更有说服力。

（6）附件及引用资料目录：细致地列出原始材料，包括：活动方案、活动记录、影像资料、学生作品、研究报告、调查问卷、评价表格、媒体报道、所获荣誉、参考文献。

湿地学校开展湿地考察

一篇好的活动总结报告应紧扣活动主题，按照背景、计划、过程、效果4个板块依次撰写，突出重点，详略得当，多讲过程（尽量通过图表和数据表述），少讲道理。与活动无关的内容一律不写。

以上是比较规范的用于参加申报或竞赛活动的总结报告的基本写法。对一些单一的小项目和刚参与活动的学生来说，在了解总结报告基本框架和要素的前提下，可以试着写一些简单的总结报告，但必须包含“如何选题”“实施过程”“收获和体会”3个板块。能够把实践活动过程完整地记录下来，将有利于从小培养他们的严谨态度和科学精神。

六、实践活动的注意事项

如何利用湿地资源开展实践活动需要关注以下几点。

1. 因地制宜

充分利用当地的湿地资源开展实践活动。这样做一是对周围的情况比较了解，有利于对比较熟悉的环境和物种进行研究；二是就近组织，活动好开展，安全有保证；三是学生通过活动对家乡湿地有了进一步的了解，亲近了自然，看得见山，望得见水，记得住乡愁。

2. 循序渐进

针对学生不同的学段、知识水平和接受能力，设计不同内容和难度的实践活动。活动的主题要从简单到复杂，从单一到综合，从近到远，逐步深化和发展，这样学生对湿地的认识也会逐步提升。

3. 安全第一

湿地教育实践活动是利用周围的环境在户外开展的，保证师生安全是第一要责，每次活动都应针对活动地域和操作特点，制定安全预案，并有专人负责。开展实验操作型项目时，对工具、设备和实验药剂的使用，应有安全要求，防止意外发生。

4. 结合课程

要将湿地教育实践活动融于学校的综合实践活动课程中，还可与科学、生物、地理等学科和湿地教育教材结合，理论与实践统一。学生有兴趣，教学效果才会更好。

5. 成果呈现

随着湿地教育实践活动的发展，学校可将比较成熟的项目总结，申报参加全国级、省级、市级的青少年科技创新大赛，还可鼓励教师参加全国级、省级、市级的综合实践活动课程评选展示活动，学校、老师、学生都会获得成就感。

第五章　湿地生态教育策略

任何的教育方式和行为，都无法脱离受教育者所处的环境和受教育者的阅历而独自产生作用。在湿地环境中成长的孩子，自小在阡陌纵横、苇花飘荡、摇橹泛舟的景象中感受着独特的人文情怀与农耕文化，与这里的动植物亲密接触，与这里的水文朝夕相伴，与这里的习俗相互对话，逐渐成为湿地文化的传承者和发展者。因此，湿地生态教育应当在其中产生积极的影响和作用，让学生在自己的生活经历与丰富的湿地教育资源之间产生学习的火花，让学生出于自身的学习和发展需求，在引入湿地生态教育元素的教育活动中得到收获，让学生在湿地的大环境背景下进行亲身探索和实践的学习，在以湿地文化为重要依托的课程开发中获得个性特长的发展，在受教育的过程中，对湿地生态产生更为强烈的兴趣与责任感。

我们需要通过整合湿地文化中能够为教育所用的有效资源，开展让学生喜欢且乐于接受的教育活动，也需要融合学生的学习需求，在课堂教学中引入与他们生活经历密切相关的学习活动，同时，鼓励学生走进湿地环境，开展科学探究、调查与考察、采风与创作等有价值的学习活动。学校也应立足湿地资源，开发和建设能够给予学生选择机会的湿地校本课程，让学生在传承和发扬湿地文化的过程中进一步发展和成就自我。只有这样，受教育者才能在学习的过程中真正树立湿地主人翁意识，湿地生态教育才能真正实现其价值和影响。

第一节　资源利用的策略

湿地，有着独特的自然风貌和历史文明，是自然界馈赠给我们的宝库。其丰厚的资源，具有教育的价值。对于各地的湿地学校而言，在教育教学活动中，要善于利用湿地资源，促进学生的发展。

一、分门别类建立资源库

湿地学校需要调查与了解湿地的资源分布，开展资源的盘点工作，做到心中有数，方能更好地利用资源。湿地学校要按照一定的分类标准，把湿地资源分为几个大类，然后，再按活动主题细分内容。例如，杭州市留下小学就曾把西溪湿地的资源进行了分类（详见下表“西溪湿地活动主题菜单”）。

西溪湿地活动主题菜单

主题分类	具体内容
历史变迁	秦始皇与清汤鱼圆；西溪与水浒的故事；康王避难；“留下”的由来；金鱼井与五方庙；留下十八家；蒋相公的故事；午潮山惨案；硬六连故事……
自然景胜	西溪沿山十八坞；西溪河；水乡风情；西溪古桥；西溪三花……
物种与物产	西溪的鱼；西溪的鸟；西溪的茶；西溪的竹笋；西溪的芦苇……
风土人情	赛龙舟；干鱼塘；水上婚俗；船拳；西溪十八般武艺；茶市街的由来；立夏乌米饭；端午节的习俗……
名人故事	洪氏家族；济公与无尾螺；昙翼与法华寺；高庄的由来；丁氏兄弟抢救《四库全书》；郁达夫游西溪；毛泽东三上北高峰；陆九畴与《二梅图》……
国家湿地公园建设	蒋村的变迁；西溪湿地建设；走进湿地博物馆……
西溪的明天	我心中的西溪……

可以按学生的活动维度来分，从自然、家庭和社会3大板块来寻找与湿地的联系，然后再整理出内容主题。也可以按活动达成的目标进行切分，有提升认知为主的，例如，讲名人故事；培养情感为主的，例如，欣赏湿地歌舞；行为养成为主的，例如，湿地环保行动。掌握不同的分类方法，学会从不同角度对资源进行分析，有利于形成立体的模型，建立纵横交错的资源库。

二、各取所需引入资源

建立湿地资源库，这为教育活动引入资源提供了方便。在具体的运用中，教师需要结合学科课程、教材教学以及学生的学习，因地制宜地引入资源。例如，在一堂以感受音乐节奏为主要学习目标的课堂中，老师引入湿地的物种——竹子这一资源，利用各种竹制品来感受节奏、分辨乐器与进行表演，学生学得开心愉快，老师教得轻松自在，取得了良好的效果（见“教学设计案例1:《竹乐声声》泛起的思维涟漪”和“教学设计案例2:《白鹭》教学设计”）。

教学设计案例 1：《竹乐声声》泛起的思维涟漪

1. 听音乐《采茶舞曲》，进教室。

2. 体验节奏，认识竹乐器。

（1）师：在你的座位前面，你发现了什么？

生：（惊奇地说）有竹棒、竹匾、竹畚箕……

师：这些用具在我们生活中经常看到、用到，猜猜老师把它们带到课堂中来有什么用。

（2）让学生摸摸、敲敲、听听。

出示：竹匾（让学生敲敲、拍拍，感受竹匾的声音）

（3）教师撒上黄豆让学生听，问学生听到了什么。

生：风声

生：海浪声……

（4）教师出示竹畚箕（教师、学生同上）。

师：还有一些乐器在同学们的座位下，请同学们拿出来，敲打一下，听听像我们音乐器乐中的什么器乐？（学生自由纷说）

（设计意图：让学生带着问题去看、去想、去体验、去思考，经过体验思考后向教师说出自己的感受，然后通过从生活中提炼节奏，用节奏来表现生活等教学活动，让学生对节奏与生活之间的关系产生新的理解和体验，并产生自己创作创新的愿望。）

师：同学们，你们有没有发现，我们今天的小道具都是用竹子做的，你们觉得在我们音乐课中，可以做什么乐器来使用？（打击乐器。）好的，请同学们把刚才敲打出来的节奏用今天的竹子乐器来敲打。

用这些竹器来演奏（出示四声部节奏）。

师：在竹乐队中，你体会到声音有什么变化。

师：竹子乐器没有固定的音高，它是通过怎样的变化奏出动听的音乐来的？

（节奏的变化：节奏是音乐的骨骼，是音乐要素中的重要元素。）

3. 欣赏片段。

师：下面我们一起来听听其他小朋友怎样来演奏这些乐器的，表

学得饶有兴趣，真实有效。

第三，要创设有效的学习情境。创设学习情境是为了促进学生学习活动的展开。利用湿地资源开展相关教育，就要通过图片、动画呈现、语言再现、想象浮现等手段，把生活与学习结合起来。在一定的情境中，学生能更好地体会知识来源于生活，更充分地体会获取知识与技能的过程，通过实践操作、探究质疑等活动，深刻体验，内化知识，丰富认知结构，并促进情感态度的培养与行为的改进。例如，在《白鹭》一课的教学中，教师通过课件，呈现湿地优美的环境、白鹭优雅的姿态，描绘人与万物共存的美好场景，渲染气氛，把学生带入课文学习。有效的学习情境一般会具有生活性、真实性与趣味性。

学习是一个复杂的过程，需要多种感官投入其中，学习活动伴随着知、情、意、行等方面的变化，有时苦思冥想是最佳状态，有时讨论争辩是很好的方式。利用湿地资源，促进学生的学习，不仅要考虑带有普遍性的问题，更要针对不同的个体量身定制，尽量做到因人而异。这样，学生的学习会更加有效。

四、生成资源促进发展

资源利用是一个长期的过程，它不是静态不变的，而是动态生成的。对于湿地学校而言，对湿地资源的利用越广、时间越久，资源库也会越丰富。例如，兰州市水车园小学，多年来一直围绕黄河这条母亲河开展生态教育活动，积累了很多资料，形成了丰富的学生作品。这些对于后续开展活动，就是很好的资源。杭州市留下小学在校内开辟了一块土地，开展种植活动，学生的记录文字也就成了资源（见“学生作品摘选：《辛勤的种植》”）。

学生作品摘选：《辛勤的种植》

杭州市留下小学　五（4）班　胡丽萍

今天，阳光明媚，柔和的光芒引导着我们种植社团的同学走进了学校后面操场边的种植园地里。望着这块黄土地上绿油油的劳作地，大家别提有多兴奋了！

一天下来，最有意思的还得属下午的种青菜。首先，老师带我们来到菜地，从屋里拿出脸盆和竹片，老师还没做完示范，我们就迫不及待地想试一试了。可种出的青菜东倒西歪的，没办法，我们只好请教老师。只

见老师规范地做着动作：挖土，种菜，填土。好了，一棵青菜秧苗完完整整地种好了。我们听完老师介绍后，便又七手八脚地忙活开了。瞧，这块菜地的地里还有一条条又黑又小的蚯蚓呢！蚯蚓像和我们约好了似的，也来帮我们松土。第一个任务就是从盆里取出菜苗。我小心翼翼地开始工作了，一株绿油油的青菜，不大不小，正合我心意。于是，我毫不犹豫地栽了下去，接着又栽了许多菜苗，我可真是看在眼里，高兴在心里呀！

今天的活动真是让我获益匪浅啊！我们希望青菜秧苗能快快成长，更希望到时候能吃到自己种的青菜！

第二节 实践提升的策略

湿地学校围绕湿地开展相应的教育，旨在促进学生更好地成长。学生活动有着不同的分类。若按照学生在活动中的学习特点来分，可以分为以知识学习为主的认知性活动、以动手操作为主的操作性活动、以问题探究为主的研究性活动、以游玩娱乐为主的休闲性活动和以表演展示为主的展示性活动等类型。

一、开展不同类型的活动

1. 认知性活动

在了解了学生的需求和关注点之后，师生可以一起确定认知的主题，例如，认识湿地的水生植物，了解龙舟的不同种类等。学生通过资料查阅、实地参观等活动，进行准备，然后进行交流汇报。可以以个人、小组等不同形式来进行介绍。有时候，师生会把这些成果汇集起来，在教室或者学校布展，分享给更多的人。

2. 操作性活动

一般来讲，湿地学校会结合湿地资源，根据师资条件、学校文化建设与特色发展的需要，决定开展哪些操作性活动。例如，西溪湿地活跃着一支武术队，从明朝开始流传下来，当地人一边做农活一边习武，他们操练的十八般兵器，结合生产劳动进行了改良，人们称之为西溪十八般武艺，被列入国家级非物质文化遗产。前些年，杭州市留下小学就邀请了主要传承人之一的胡金火老师来学校传授十八般武艺，带学生强身健体。学校十八般武艺社团的学生在省、市传统武术比赛中获了不少奖项，学校也成为杭州市武术基地学校。

3. 研究性活动

这类活动有着约定俗成的流程：提出问题→确定问题解决方案→实践研究（调查、访谈、实验等）→交流研讨→问题解决汇报。

4. 休闲性活动

休憩对于学生成长有着重要的意义。在减负背景下，更要注重休闲性活动的开展。休闲性活动以亲近自然、放松心情、接受美的熏陶为主要目的，可以安排得宽松自在一些。休闲性活动一般由家庭组织，或者由学生组队进行。比如，湿地范围内一般会有一些校外教育的场馆设施，学生进入这些场馆，就像进入到了一个教育的广阔天地，参观主题展览，观看各类标本，聆听专业介绍，寓教于乐。他们可以成为小诗人，用童真的文字记录下内心的感动；可以成为小画家，用丰富的色彩描绘这里的美景；也可以成为小摄影家，捕捉和收藏一个个美妙的瞬间。

学生绘制的低碳生活图

5. 展示性活动

开展此类活动，必须先搞明白活动的意义。要强调学生的思想道德建设，体现立德树人。活动开展要贴近时代、贴近生活，也要贴近湿地实际。如每

年端午节，西溪湿地一带会举行划龙舟比赛，家家户户包粽子，热热闹闹过端午。教师以粽叶、粽子和龙舟为元素，和学生一起创作舞蹈《粽子舞》，该节目在全校表演中得到了普遍的赞誉。

这些教育活动也是传承与创新的思维活动和人际交往的活动。一般在利用湿地教育元素的过程中，教师会自觉或不自觉地对种种湿地文化元素进行新的设计和处理，以便于教育活动的持续开展，更好地培养学生。此时，湿地元素就成为了一颗种子，一颗湿地文化的种子，它将扎根在孩子的心里，随着学习的深入和孩子个体的成长，在其人生阅历中产生潜移默化的影响，从而在湿地文化的传承创新中实现新一代湿地主人翁价值观的确立。上述教育活动，可以在某个学科进行，也可以跨学科整合，在统一整合的视野下开展。在跨学科的学习过程中，借鉴"STEM"教育理念（"STEM"教育整合了科学——Science、技术——Technology、工程——Engineering和数学——Mathematics四门学科的基础知识和思维方法，旨在通过跨学科教学，培养学生综合解决问题的能力），可以通过有效的学科间的综合设计，给予学生更加充分的学习机会，让学生在学习中灵活利用自身的能力来开展某一主题的研究。在这个过程中，除了学习主题可以规定以外，学生的学习方式、学习过程、合作方式、学习成果呈现等，都可以是开放和自主的。这样的综合学习，事实上是学生合作学习和个性化学习的集中体现，是对学生后续学习产生重要影响力的学习方式。

比如，在探究家乡古桥的综合性学习中，综合性学习的主题是教师经过精心设计的（见"综合性学习课例：探秘留下古桥活动"）。湿地生态的核心是"和谐"，湿地环境的基本元素是"水"，在自然的水与人文的和谐之间，"桥"就是水乡风情的集中体现。学生在这样的综合性学习中，将面对的是家乡桥文化的若干个子课题，然后充分调动美术与英语的学习能力，并结合自身的语言文字能力和调查访谈能力，以综合实践活动的学习形式，以团队协作学习和个体学习相结合的方式，把学习成果予以个性化的呈现。这样的学习过程，相信会给每一个学生都留下不可磨灭的学习记忆。

综合性学习课例：探秘留下古桥活动

启动阶段：

1. 以"走进留下历史街区"为话题，激发学生对探究家乡桥文化的热情。

2. 学生提出调查问题进行分类整理，自主选择调查问题，确定活动内容。

（1）桥名的来历；（2）桥的建筑特点；（3）桥的修建历程；（4）桥的通行作用；（5）桥的诗文化……

3. 自由选择合作伙伴，组建调查小组，组员共同研究活动方案。

4. 教师及时指导，各小组针对实际情况制定最佳的活动方案。

5. 活动实施

（1）指导学生以网络搜集、查阅书报等方式进行调查收集，获得实践活动的原始资料数据。

（2）各小组按照计划走进古街，调查古桥，开展实践活动，相关教师适时参与指导。

（3）搜集整理调查资料，进行整合优化，初步形成实践活动调查报告与相关成果。

（4）小组间开展交流与评价，指导教师提出改进意见，形成并完善实践活动调查报告与成果。

总结阶段：

1. 各中队组织班队活动：各小组以最佳的方式来展示自己小组的收获。

2. 对在实践活动中表现优秀的个人与小队进行评比与表彰，并在各班筛选出优秀的小组，在年级组内进一步深化探究，进行学科整合学习。

3. 对实践活动的成果进行梳理，然后展示、交流与评价，制作活动展板，完成宣传、报道工作。

整个综合性学习项目由综合实践、美术课堂和英语课堂三部分组成，而三者起着不同的作用。综合实践的过程主要是让学生对桥的基本结构有所了解，从而在美术课堂上能够引导学生用泥塑再现3座桥，最后在英语课堂上由老师引导学生对桥作简单介绍。三堂课基于对家乡文化的调查、了解和宣传，相辅相成，构成了一个有机的整体。

这些教育活动，有的在传统的教室中进行，有时课堂发生位移，在校园或者湿地进行。比较而言，教室里的教学相对封闭，而教室外的活动更具开放性，两者往往有着不同的目标指向。传统的课堂教学，教学环节清楚，时间安排精当，所有的课堂活动，围绕目标导向展开，指向于学生学科核心素养的提升，具体分为：知识与技能，情感、态度与价值观，过程与方法3个维度。而教室之外的学习，指向个体成长之外，往往具有团队培养的功能。

二、指向于个体发展

人的成长离不开各种实践。伴随着听、说、读、写和计算、操作等各种操练，学生在原有起点上产生了新的变化。这种变化是完整而统一的，当然也有其不同的侧重。下面将结合三维目标，简要阐述。

1. 认识提升

学生的学习不是一张白纸，而是有一定基础的。新学的知识与原有的认知

杭州市留下小学学生画作：湿地——鹭鸟的家园

结构建立起意义之间的联系后，学生就容易接受新知识，取得认知的提升。比如，开展认一认湿地物产的教学，可以先让学生来说一说自己课前了解的物产品种，并介绍其中一个物产的外形。在不同学生的介绍中，学生就会知道更多的湿地物产种类。又如，老师让孩子们来介绍物产的生长环境与生长情况，尝试给物产分类。通过这些活动，学生对于湿地物产的认识会更加全面，不仅知道了具体种类，还学会了按标准分类；不仅了解了物产的外形特征，还知晓了物产的生长环境和过程。一旦有了结构，碎片化的知识就会具有某种程度的系统性和完整性。多开展说一说、画一画、辨一辨、议一议、理一理等活动，多进行认知方面的训练，都是利于学生认知提升的好方法。

2. 情感培养

现代社会，人们日益认识到情感态度价值观对于一个人的重要意义。与认知相比，情感态度价值观的培养极为复杂。良好氛围的营造、美的熏陶、榜样示范、诵读涵养、换位思考、是非辨析等，都是情感培养的好方法。而体验在情感培养中有着不可替代的作用。比如，杭州市留下小学语文学科曾开展学生西溪湿地童谣创作活动，音乐学科老师把其中的一些童谣谱写成曲，在音乐课传唱。学生对美丽的西溪湿地的热爱之情油然而生。例如，歌曲《西溪小伢儿》一歌的传唱。

歌曲：《西溪小伢儿》

（一）

美丽的西溪是我可爱的家乡
潺潺的溪水中鱼儿亲着我的脚掌
绿色的原野上白鹭带着我的理想
西溪伢儿拥有着梦想的力量
啦……
我们可爱的家乡
啦……
快乐的西溪小伢儿
责任让我们托起明天的辉煌
行动使我们实现美好的理想

（二）

老师带着我们沐浴西溪的阳光
柿子树下快乐的课堂给我们思想
西溪船舶让我们感受合作的力量
我们在那歌声中破浪飞翔
啦……
我们可爱的家乡
啦……
快乐的西溪小伢儿
责任让我们托起明天的辉煌
行动使我们实现美好的理想

3. 行为指导

行为指导要有效，贵细、贵实，贵在坚持。课堂上，对于学生的行为指导其实无处不在：认识物产的教学涉及珍惜物产、珍重劳动人民的劳动成果等行为的教育与指导，如“探秘留下古桥活动”的教学，涉及学做建设者、爱护桥等行为指导。行为的培养，除了个体的自我要求，还可以通过多元参与、相互激励评价，帮助个体巩固良好行为并形成好习惯。教师可以布置行为作业，让学生去记录自己的行为，并展开多元评价。

三、指向于团队建设

新课程改革倡导自主合作探究的学习方式。湿地学校在进行湿地生态教育时，既要注重个体的培养，也要关注团队建设，搭建平台，创新形式，开展丰富的团队活动，让学生学会合作，体会团队的力量。团队建设分为假日小队和项目团队建设。

1. 假日小队校外实践活动

假日小队是学校少先队组织中最为基本的团队组织。假日小队一般由5～7人组成，家长参与活动。假日小队会经常性地开展各类校外实践活动，他们也是湿地生态教育活动开展最为活跃的团队。他们会经常性地去湿地欣赏美景、开展各类调查，用图文记录活动的点滴（见“假日小队实践活动记载”）。

假日小队实践活动记载

小队：蹦蹦跳小队　　　　所在中队：五〇二中队

主题：保护西溪母亲河

内容：关于留下段西溪河变成“龙须沟”的调查报告

队长：洪冰蟾　参与队员：吴曼丽等5人　辅导员：周银月

（一）调查原因

我的家乡就在西溪湿地，我为咱们西溪有一条历史悠久的西溪河而感到骄傲。“西溪且留下”，这句令几代西溪人民引以为傲的名句，更是说明了留下对于西溪的重要。可是，就在这被世人赞赏的留下，那条往日备受瞩目的美丽的西溪河却失去了它的魅力，不仅河水变得又脏又臭，而且河里都是囤积的垃圾和完全可以覆盖河面的杂草。所以，我们研究小队便打算对这条曾经辉煌的母亲河——西溪河进行调查。

（二）调查过程

我们研究小队对留下段西溪河进行了仔细的“现场勘查”。我们发现西溪河正如同学反映的那样，无数的生活垃圾抬高了西溪河的河床，污染了河水，而且杂草覆盖了河面。经过仔细的排查，我们还找出了另一个使西溪河变成“龙须沟”的原因——留下境内一些工厂为了自身的经济利益，把没有处理过的污水向西溪河直接排放，加大了西溪河的污染程度。正当我们全神贯注地“侦察”时，从天而降一袋东西，在空中划了个弧线，准确无误地掉入西溪河，顿时，散发出阵阵恶臭的西溪河水溅了起来，我们不禁向后退了几步。我们大胆地作出判断，这包用塑料袋包着的鼓鼓的东西一定是居民的垃圾。这样可耻的行为，不知还有多少。

我们随即采访了这里的居民和路人，以便全面了解他们对西溪河水被污染的感想以及如何才能让西溪河再变得清澈美丽的建议……

（三）调查结果

只靠我们几个和少数爱护西溪河的留下人，想让所有人在第一时间醒悟过来，那是天方夜谭。所以，我们决定加大宣传攻势。在小区的宣传栏上张贴有关西溪河的小报；呼吁居民行动起来保护西溪河；在西溪河边立牌，上面粘贴原先美丽的西溪河照片，与现在进行对比，让大家看到西

溪河这条母亲河正在衰弱，让大家深刻反思自己的行为，懂得齐心协力来爱护的重要性；通过政府，来解决工厂排污的问题，以及组建环境保护小队，为西溪河做美容。

我们期望通过这篇调查小报告，呼唤人们自觉行动起来。西溪河在恳求，在哭泣，希望我们可以很快地听到西溪河的笑声和看到所有西溪人民灿烂的笑容。

2. 项目团队在行动

项目团队的组建一般有两种方式：一种是基于共同的兴趣爱好或研究主题，学生自发组建的团队；一种是为了完成某个问题研究或某项任务，在教师或家长的建议指导下成立的团队。一个项目从发起到完成大致流程为：确定任务或项目→讨论制订方案→寻找项目支持→实施方案→项目完成度评价。例如，学生想为湿地设计游船，他们首先请教了美术老师，制订出行动方案，进行了内部分工。有的学生负责网上找各地的游船，有的学生查阅湿地的相关资料，有的学生走访湿地建设者，然后，全体进行交流，形成一致意见后，着手画游船设计图，画稿完成后请同学、家长和老师评价。在最后的展示汇报中，老师们为学生的出色表现而纷纷点赞。

对一些松散性团队的行动，比如，湿地春、秋游，老师可以把学生分成几个小组，布置一定的作业任务。然后，学生带着目的和任务到湿地去，到了目的地，就分小组展开活动，例如，开展捡地上的垃圾，擦除栏杆、桌椅上的灰尘等环保活动。活动结束时，老师再召集大家进行评价和激励，此后，小组自动解散。

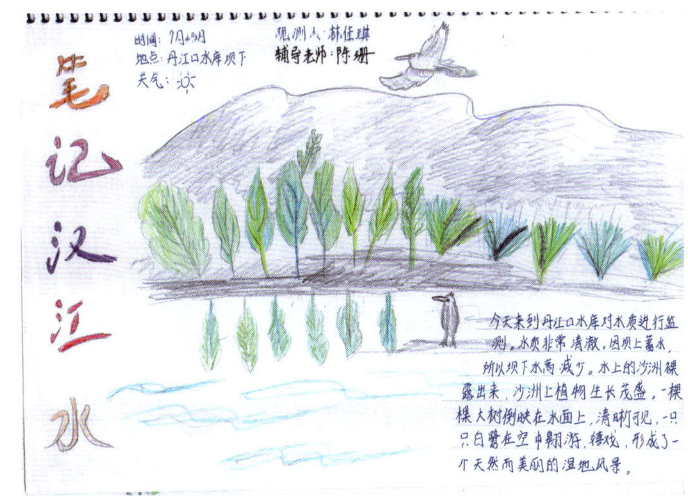

学生心中的丹江口水库图

第六章　湿地学校建设效果评估

湿地学校建设效果评估是对学校建设以湿地为特色，开展湿地教育的全方位、全过程的评估，主要包括了解湿地、热爱湿地、保护湿地等相关的各项教学活动。本章主要述及湿地学校建设效果评估的原则、方法、流程与内容，评估资料收集与整理，以及湿地学校建设评估表格。

第一节　评估原则、方法、流程与内容

湿地学校建设效果评估包括对湿地学校建设效果评估的原则、方法、流程和内容，是评估在指定年度内开展相关工作的质量、价值、影响及社会的认知度。

一、评估原则

开展湿地学校的评估是依据湿地学校上级管理部门颁发的正式通知和学校工作计划进行的，并由其上级管理部门组织或指定的人员（包括教育专家、湿地保护管理专家和湿地科普专家等）实施，被评估学校应紧密配合做好评估工作。湿地教学评估工作应在学校教学、管理等相关规定的框架之下，有组织、有计划地实施。

1. 实事求是原则

湿地学校评估工作基本要求：评估组应预先做好评估方案，评估方案要根据评估文件通知规定的要求，求真务实，简明扼要，可操作性强；被评估学校依据湿地学校评估文件精神，实事求是，认真总结，展示成果，如实汇报，做好与评估相关的各项准备工作。

2. 指标真实性原则

湿地学校评估设定的各项评估指标都应建立在分析展示的可用性上。展现的指标数据应注意它的真实性、可信度，该有的要素指标不可少，无需的指标不可要。坚决反对评估弄虚作假，误导评估组对被评估学校造成不良影响。

3. 可行性原则

开展湿地学校活动的评估工作，有利于推动和促进学校湿地教育工作按计划实施。湿地学校管理部门对评估工作应预先发评估预备通知，评估活动的实施（通知）应选择在与学校重大工作不重叠的非法定假日内进行。被评估学校应及早做好评估准备，确认校本部的合格率，展现工作成果要做到工作有创新、活动有特色、资料有特点、汇报精悍、准备充分。评估的整体实施活动要做到时间短、内容多、奏效快，促使整个评估活动具有可行性。

4. 科学性原则

湿地教学方案是否具有科学性，是湿地教育评估工作不可或缺的要素。在评估工作中，应把握湿地教学方案设置的完整性、知识的科学性和操作的严谨性，还应考虑活动是否安全，方案是否请湿地专家指导把关，有没有湿地教学体验基地等。

二、评估方法

湿地学校建设与教学评估，由湿地学校管理部门颁发通知文件，根据通知要求，组织湿地学校评估组直接到所指定的学校所在地，对该学校的湿地教育工作进行评估。评估组事先必须做好评估工作计划，设计好评估内容和打分表格，设定好评估起止时间，制订好评估工作流程。湿地学校评估组由主办单位明确一名组长，由组长对参加评估组的人员进行合理分工，各尽其责。评估组通过看现场、查资料、听汇报、师生访谈、发放问卷、打评分等方法，对被评估学校的湿地学校建设、教学、管理的做法实施评估，总结好湿地学校的办学经验，找出存在问题，指明发展路径。最后由评估组将实地评估的结果及时以书面形式上报给主办单位，由主办单位汇总材料，并将评估结论意见及时反馈给被评估学校，以示本次评估工作圆满结束。

三、评估流程

湿地学校建设效果评估由评估单位制订评估工作计划，再对被评估学校展开评估。然后，评估组进入被评估学校开展现场评估，最后进行总结，提出整改意见。

1. 制订计划

湿地学校评估的主办单位设计当年湿地学校评估工作计划，按计划撰写湿地学校教学评估通知。通知应说明评估时间、被评估单位、评估组人员、评估内容、评估方法、评估要求及注意事项等。

2. 自我评估

被评估学校根据评估通知精神，进行自评估打分，向湿地学校评估的主办单位书面汇报自评估的得分结果。

3. 现场评估

（1）进入学校：湿地学校评估组进入被评估学校，按评估通知要求进行。评估人员分工负责，分线开展评估工作。

（2）实地查看：阅看资料，查看活动成果展示，组织师生访谈，发放问卷，走访基地，听取校方汇报。

（3）评估打分：按照评估打分表（100分），结合现场评估看到和听到的情况，对照100分表如实给分，确定较差、一般、良好、优秀的格次等级。

4. 评估总结

（1）对单一被评估学校总结：根据现场评估所获得的资料，由评估组对该校建设效果评估情况撰写评估小结，充分总结湿地教学的成功经验，发现湿地教学存在的问题，明确获得的格次，提出今后健康发展的建议措施。

（2）对一批被评估学校总结：由湿地学校评估的主办单位根据所派出评估组的汇报材料，认真总结该批湿地学校评估工作，对湿地教育做出成功经验的相关学校给予表扬和表彰，对尚存在问题的相关学校提出限期整改和督查。

（3）对年度评估工作总结：召开湿地学校建设效果年度评估工作总结会或湿地学校网络委员会会议，网上公布评估总结，实施湿地学校年度评估成果共享，并宣告本年度湿地学校建设效果评估工作结束。

四、评估内容

1. 策划方案

湿地教育活动的策划方案，应由湿地教育老师根据校本教材和学生学习的特点，结合湿地专家的意见进行编制。湿地教学方案要体现当地湿地特点，考虑它的科学性、知识性、趣味性和参与性，安全保障以及社会反响总结分析，同时，还要做到可操作性强，让参与的学生能产生新鲜感、兴趣感和获得感。通过策划方案的实施，采用活泼多样的湿地教学方式，让学生能产生对新知识需求的欲望，对学习不断产生新的兴趣。

2. 湿地教育

湿地教育是自然环境教育的一个组成部分，是培养学生关心湿地、热爱湿地、保护湿地的理念，以及提高学生热爱自然、保护环境意识的重要路径之一。对湿地教育工作的评价，更是促进湿地学校不断提升湿地教育活动的质量，引导老师科学编制湿地教学课程，施展授课技能，彰显学校特色教学、教学育人的生态文明教育的新举措。

3. 课程设置

湿地教学课程设置是关键，是湿地教育工作的主体部分。课程的设置、内容的选择、课件的准备，时长的确定、教与学的互动、效果的评价等都应作为评估的内容要素。课程设置分为室内课程和室外课程，可邀请校外湿地专家进课堂，给学生讲湿地保护知识，也可让学生走进湿地、体验湿地，还可设置与湿地相关的书画、手工、诗歌、作文、游戏等课程。课程评估亦可采用自我评估和评估单位评估的方式。

4. 授课老师

湿地学校教育质量的高低，关键在授课老师。对湿地教学老师的评价，主要评价老师对湿地知识所掌握的程度，其次是评价老师的教学态度和教学方式、方法。湿地教学老师是否接受过专业培训，也是评价湿地授课老师的元素之一。

5. 学生收获

湿地教育教学，学生是不可或缺的重要部分。对湿地学校学生收获的评价主要包括学生对湿地的认识程度、知识了解情况、保护意义的认识以及参与活动的态度等。通过座谈、观摩学生参与活动的操作能力、阅读资料，了解学生保护湿地的意识理念以及各士课学习状况，从而进行综合评估。

6. 安全保障

开展湿地学校教学活动必须认真做好安全工作。在编制湿地教学方案时，就必须编制好活动的安全保障预案。学生到校外开展湿地教学活动，必须做好交通车辆的安全和人的安全工作，必须保障万无一失。安全纪律、安全措施、安全百分百是安全评价的主要依据。

7. 社会反响

社会对湿地学校建设与管理的反响，主要采取对学生家长和社区公众走访、座谈、发放问卷等方法以及分析主管部门及行业部门的认知度进行评价。

湿地学校建设与管理的效果评价囊括评估打分、确定评分格次、撰写总结报告、提出问题限期整改措施建议、督查是否整改到位等内容，还要分析评估工作将会对湿地学校的湿地教育活动产生何种效果。

第二节 评估资料收集与整理

资料收集是湿地学校开展湿地教育必须做的工作之一。湿地学校每次开展湿地教育活动，从教学方案撰写开始到活动结束，整个过程都必须留有资料。学校要把收集湿地教育活动的各种资料整理归档，建立湿地教育资料档案，为上级相关部门开展湿地学校建设效果评估提供第一手资料。

一、重要文件的收集整理

1. 开展活动的会议记录

开展湿地教育活动的各种会议记录，包括校方开始讨论是否开展活动，怎样开展活动，开展活动内容，活动经费概算，领导分工负责，明确老师专门负责，明确安全责任，提出活动要求，注意事项等，都要收集归档。

2. 撰写的活动方案

湿地教育活动方案的撰写要明确专人负责，活动方案的纸质材料和电子版材料应收集进入学校档案存档备查。

二、活动资料的收集整理

1. 收集的方法

活动资料的收集，主要是用照相机、摄像机、录音机、电脑等工具及现代的科技手段，用文字、图片、音像、实物等载体，将每次活动丰富多彩的瞬间记录下来，然后采用纸质版和电子版的形式，整理造册，放入学校档案。

2. 收集的内容

（1）原始资料：收集老师和学生开展湿地活动相关的书画、手工、诗歌、作文、游戏等课程原始资料，将原始资料装订成册，放入学校档案。

（2）文字材料：湿地教育活动的文字材料收集指与此活动相关的所有文字材料原件或全部复制件，集中装订成册，由学校归档保存。另外应复制一份文字材料的电子版，由学校存档。

（3）图片：明确专人使用照相机，对开展活动全过程进行跟踪拍摄照片存档。照片存档可分为两种形式，纸质照片集中成册存档，电子照片存档保存。

（4）录音、摄像资料：录音是指领导和老师讲话、学生发言等语音录制。对录制的语音可用录音卡或录音带存档保存。摄像指整体活动所需拍摄的画面

图像都拍摄下来，复制到摄像卡内存档保存。

（5）课件（PPT）资料：将制作好的课件（PPT）在活动中演讲后，可用打印机制成纸质材料装订成册归档保存，也可将其复制到移动存储盘或电子储存卡中归档保存。

（6）APP资料：将活动最精彩的片段，通过摄像资料剪接制作成APP，再利用现在的新媒体，如微信、微博、网站等向公众开放。同时，把APP复制到电子储存卡中保存，将各新媒体转载的情况可截屏打印成纸质材料存档或复制到电子储存卡中存档保存。

（7）媒体宣传材料：各媒体对活动进行的宣传报道，要及时收集，整理归档。媒体宣传材料包括平面宣传和立体宣传两类，主要有报刊、电台、电视台、微信、微博、网站、APP等。

（8）展览资料：展览资料分为室内展览资料、室外展览资料，室外展览资料又有展示牌（戗牌）和墙面展示画及标语等。展览资料的收集保存也分为纸质材料装订成册归档保存和用电子储存卡汇集材料归档保存两种方式。

第三节　湿地学校建设评估表格

湿地学校建设评估使用的相关表格，是反映被评估学校平时开展的湿地教育活动及评估通知提供的被评估学校评估评分等设置。这些表格应由评估组和被评估学校共同分工填写。本节设计的表格，主要借鉴和采用了湖北徐大鹏老师、江苏朱松存老师设计的部分湿地活动填写表格和调查问卷，供各评估组和湿地学校参考使用。

一、湿地学校基本情况表

湿地学校基本情况表可参照表1，从表1中可以了解湿地学校人事、课程、活动方案、教学和活动设备、湿地基地以及参加活动学生等情况。湿地学校基本情况表的内容可以包括湿地学校的建立时间，教职员工现状，学校容量，区域自然环境概况，活动内容，湿地教学及其开展活动课时数占学校总教学课时数的比率，湿地教育成果的产出情况，老师、学生和社会的认知度等；也可以包括湿地教育有无学年规划、学期计划，开展湿地教育的目的、意义，需要解决的问题，活动实施的效果，湿地教育中所涉及的问题，解决的办法；还可以包括开展湿地教育所需要的经费，经费的到位状况、使用情况及效果，开展湿地教育与当地湿地特点有什么直接或间接的联系，对学校正常教学及素质教育有什么关系，与老师正常授课工作有什么相关联（包括正反两个方面的感想），学生学习的兴趣高涨还是低落，主管部门及行业部门有怎样的认知度和支持力度等。

表1　湿地学校基本情况表

湿地学校名称______________________　　填表时间______________

领导班子（人数）	有无分管领导	湿地老师数	兼职老师数	有无湿地活动课程	年活动方案数	教学和活动设备	有无湿地教学基地	参加活动学生人次

二、湿地教育相关活动统计表

湿地教育相关活动是指被评估学校在评估期间（通常为1年或1学年）所开展的与湿地教育相关的各项活动。每项活动必须写明活动名称及开始时间、历时天数、参加人数、参加对象的类型结构，负责活动项目的领导、老师，活动的具体内容，活动所取得的成果。湿地教育相关活动可通过表格形式（见表2）进行填写记录，提供给评估组，评估组将以此作为对该校评估打分的依据之一。

表2　______________湿地教育相关活动统计表

序号	活动名称	日期	参加人数	分管领导姓名	负责老师姓名	活动内容	活动成果
1							
2							
3							
4							
……							
合计数							

三、湿地学校评估100分评定统计表

湿地学校评估100分评定统计表（见表3）供评估组根据被评估湿地学校的实际情况，对照打分细则，实事求是进行打分。湿地学校评估100分评定的结构为：湿地学校的机构建设为10%，活动场所为15%，开展湿地活动为15%，自编湿地校本教材18%，湿地学科渗透活动18%，制作标本6%，基础准备事项10%，其他8%。评估组根据100分评定结果确认被评估学校的格次。评定格次分为优秀、良好、一般、较差4级。

表3 ____________湿地学校评估100分评定统计表

序号	分类	内容	标准分	实得分
1	机构建设（10分）	①湿地学校挂牌	1	
		②领导班子或领导小组	2	
		③分管领导	1	
		④老师（人数）	4	
		⑤兼职老师（校外单位或湿地基地专业人员）	2	
2	活动场所（15分）	①教室	1	
		②展示馆或展示室、展示区	3	
		③基地	4	
		④栽植湿地植物	4	
		⑤墙报、挂图、动植物标本	3	
3	开展湿地活动（15分）	①室外报栏	1	
		②制作宣传牌	1	
		③上街宣传湿地保护	2	
		④捡湿地垃圾	2	
		⑤识别野生动植物	2	
		⑥湿地研学	3	
		⑦每年开展湿地讲座有1 次得1 分	2	
		⑧自然笔记	2	
4	自编湿地校本教材（18分）	①结合本校编印的湿地校本教材	4	
		②学生作文集	3	
		③书画集	3	
		④故事集	3	
		⑤自然日记集	3	
		⑥湿地知识融入主课教学	2	

（续）

序号	分类	内容	标准分	实得分
5	湿地学科渗透活动（18分）	①书法	2	
		②图画	2	
		③作文	3	
		④诗歌	2	
		⑤文艺节目	3	
		⑥湿地文体竞赛	2	
		⑦游戏	2	
		⑧折纸、剪纸等	2	
6	制作标本（6分）	①动物标本（昆虫、贝类、鸟类、兽类、爬行类等）	2	
		②植物标本	2	
		③土、石标本	1	
		④水体标本	1	
7	基础准备事项（10分）	①学期湿地教学计划	1	
		②活动案例编制	2	
		③开展活动前、中、后召开的会议记录	2	
		④湿地教学备课笔记	2	
		⑤学校领导听课记录	1	
		⑥湿地活动工作总结	2	
8	其他（8分）	①上级主管部门的支持	2	
		②学生家长是否支持（座谈会、走访、问卷等）	2	
		③社会的认可度（座谈会、走访、问卷等）	2	
		④专项活动经费安排和专款专用	2	
合计			100	

注：格次等级分为4级，即：优秀（86～100分）、良好（76～85分）、一般（66～75分）、较差（55～65分）。

四、湿地教学活动内容及安排表

湿地学校的湿地教育活动内容主要包括活动的起止时间、活动的具体内容、参加活动的对象、开展活动的形式、活动教学的效果、开展活动的负责人及老师。活动安排可分筹备、实施、宣传、总结4个阶段。每次湿地活动都要按照湿地教学活动内容及安排表（见表4）分项如实填写，提供给评估组作为评估时的资料依据。

表4 ______________湿地教学活动内容及安排表

阶段	活动时间	活动内容	活动对象	活动形式	教学效果	负责人及老师
筹备阶段						
实施阶段						
宣传阶段						
总结阶段						

五、湿地动植物调查表

湿地动植物调查表（见表5、表6）用于湿地学校组织学生开展校内外湿地动植物的调查活动，让学生了解某区域内湿地动植物名称、特征、数量以及它们生活、生长的环境和所属的类群。通过湿地动植物的调查，教会学生认识湿地动植物，培养学生掌握调查方法，增长学生对湿地动植物的知识，激发学生学习新知识的兴趣，提高学生认识自然、保护自然的意识。

表5 ______________湿地动物调查表

动物名称	数量	生活环境	形态结构	所属类群

表6 ______________湿地植物调查表

植物名称	生境	特性	高度	茎	叶	花	果实	种子	所属类群

六、湿地教学活动评价表

湿地教学活动评价表（见表7）用于对学生进行评价，主要包括学习态度、合作意识、探究精神和实践能力等内容。评价分为4个层面，即自我评价、小组评价、老师评价、家长评价。湿地教学活动评价可分为好、一般、较差3个档次。评估组通过湿地教学活动评价表提供的信息，进一步了解被评估学校开展湿地教学活动的效果，掌握湿地活动在老师、学生、家长中的认知度以及所产生的社会影响力。

表7 ______________湿地教学活动评价表

班级____________
姓名____________

类别	评价内容	自评	小组评	老师评	家长评
学习态度	1. 是否认真参加小组每次活动				
	2. 是否能主动提出设想建议				
	3. 是否能仔细观察、思考问题				
	4. 在活动中是否能积极动手动脑				
	5. 认真查找了哪些相关资料，运用了哪些方法				
	6. 在活动中是否按时完成了任务				
	7. 在活动中遇到了哪些困难，是怎样克服的				

（续）

类别	评价内容	自评	小组评	老师评	家长评
合作意识	1. 在活动中是否能积极参与小组活动				
	2. 在活动中是否主动帮助别人				
	3. 在活动中有多少次寻求别人的帮助				
	4. 能虚心地听取别人的建议和批评吗				
	5. 在小组活动中充分发挥了自己的作用吗				
	6. 愿意和别人一起分享成果吗				
探究精神和实践能力	1. 在活动过程中发现了什么问题，是怎样提出来的				
	2. 解决问题有哪些独特、新颖的方式方法				
	3. 做了哪些观察记录，积累了哪些完整的资料（文字、摄影、录像、图片、绘画等）				
	4. 运用了哪些资料，解决了什么问题				
	5. 成果交流中有何体会				
其他					

注：活动评价分为好、一般、较差3个档次。

七、湿地生态保护调查问卷

____________湿地学校湿地生态保护调查问卷

（注：以下均为不定项选择题。）

1. 您认为环保是为了什么？（　　）
   A. 为了生活环境更加干净整洁
   B. 什么都不为，认为并不需要
   C. 为了与自然和谐相处，为我们的子孙后代着想
   D. 其他原因
2. 您认为目前人们的环保意识怎么样？（　　）
   A. 很高
   B. 一般
   C. 较低
   D. 很低

14. 您以前听说过非政府环境保护组织吗？(　　)
    A. 很了解，经常关注
    B. 了解一点，但不是很详细
    C. 曾听别人偶尔提起过，有一点印象
    D. 完全不了解，从没听说过
15. 您参加过学校或社会的环境保护组织吗？(　　)
    A. 参加过，现在是某环保组织中的一员
    B. 以前参加过
    C. 想过，但没有加入
    D. 没有，从不关注
16. 您认为政府部门目前的环境保护力度够吗？(　　)
    A. 很差，需要进一步加强
    B. 一般，略微加强即可
    C. 现状还不错，尚需要进一步加强
    D. 无所谓，好坏与我无关
17. 您认为政府部门该怎样加强湿地环境保护工作？(　　)
    A. 制定健全的各种法律规章制度，加强法律执法力度
    B. 加强湿地保护宣传，提高人们的环保意识
    C. 建立湿地自然保护区，加强管理
    D. 与非政府组织携手保护湿地
    E. 其他
18. 假如开展环境保护知识宣传活动，您更喜欢什么样的形式？(　　)
    A. 由政府部门组织的活动
    B. 由非政府组织所组织的活动
    C. 由政府部门和非政府组织联合组织的活动
    D. 不知道，对这种活动不感兴趣
19. 您会积极响应国家的环保政策，参与到环保的行动中来吗？(　　)
    A. 会，不仅自己会做到，还会带动周围的人都爱护环境
    B. 自己本身会切实做到保护环境
    C. 如果环保政策不会损害自身利益时，我会参与
    D. 有强制措施时会参与，不然就看自己的心情

20. 政府部门和非政府组织携手共建湿地生态保护区，您觉得这样是否更有利于保护湿地生态？(　　)

A. 是的，他们互相协调发挥的作用会更大

B. 不是，他们会互推责任，起不到作用

C. 不一定，得看他们以何种方式合作

D. 不知道，不感兴趣

湿地知识问卷调查活动

湿地学校活动范例

范例一

我为校园添绿色——生态瓶栽小养植

——辽宁省盘锦市辽河油田兴隆台第一小学

一、活动背景和教学目标

1. 活动背景

（1）生态道德是公民道德的有机组成部分：生态道德是社会公德的重要内容，是否具有良好的生态道德是现代社会衡量一个人全面素质的重要尺度，也是衡量一个国家和民族文明程度的重要标志。因此，加强青少年的生态道德教育是国家生态文明建设、实现国家可持续发展的必然要求。落实科学发展观、提高全社会公民的生态文明素养是教育领域实施可持续发展战略的主要措施，通过开展生态道德教育，提高青少年的生态文明素养是核心问题，学校是开展青少年生态道德教育的主阵地。

（2）生态道德教育是培养青少年生态道德根本素养的有效途径。生态道德教育是学校开展青少年思想素质教育的重要内容。把现实生活中存在的生态问题作为生态道德教育的实践活动和教学内容，是开展生态道德教育最直接、最有效的实践教学方式。辽河油田兴隆台第一小学是一所以开展生态道德教育为办学特色的小学。20世纪80年代以来，学校已经开展了30多年的生态道德教育，学校利用一切时机，培养小学生从小树立“人与自然和谐相处”“节约资源”“保护环境”等生态文明意识，并引导小学生把生态文明意识转化为自身的自觉行为。当前，生态道德教育已经成为被高度关注的青少年思想素质教育的热点问题。辽河油田兴隆台第一小学与时俱进，倡导生态道德教育，将生态道德教育纳入到日常教育教学过程中，努力探索适合青少年生态道德教育的新思路、新方法，拯救“自然缺失症”的孩子，不断提高教师、学生的生态文明

素养，这已经成为学校的办学特色。

基于上述认识，学校组织学生对生活环境、校园环境中存在的生态问题进行调查并加以思考，把现实生活中存在的生态问题作为生态道德教育的实践活动教学内容，解决校园存在的“绿色植物少、绿化水平低”这样一个生态问题，开展“我为校园添绿色——生态瓶栽小养植”实践活动。

2. 教学目标

（1）培养分析问题能力：引导小学生学习生态知识，对生活环境、校园环境中存在的生态问题进行细致观察和深入思考，培养锻炼学生的观察能力、分析问题和解决问题的能力，培养小学生的团结合作能力和生态文明素养。

（2）培养实践能力：通过开展生态瓶栽养植实践活动，让小学生掌握植物生长的知识、植物与人类生存的关系，训练小学生利用废弃物养植瓶栽的动手实践能力，形成热爱生命、热爱大自然的情感，逐步养成遵循生态规律的个人日常生活行为。

（3）培养研究能力：通过开展“我和瓶栽植物一起过暑假”实践探究活动教学，要求小学生确认瓶栽植物的种类和名称，记录瓶栽植物的生长过程，说出瓶栽植物的生长规律，尝试开展与自己养植的瓶栽植物有关的小课题探究，掌握瓶栽植物的基本养护方法。

（4）培养人与自然和谐共存的生态观：通过参与实践活动，使学生能够亲自发现更多有关野生动植物的科学奥秘，了解动植物多样性，认识保护身边动植物的意义，形成人与自然和谐相处的生态观。

二、教学过程

1. 制订实践活动教学计划

在湿地学校创建委员会组织指导下，考察、分析校园生态环境的现状特征及校园环境存在的生态问题，制订“我为校园添绿色——生态瓶栽小养植”实践活动教学计划。

首先，成立了由学生、教师、家长、社区辅导员、环保专家顾问等40人组成的“校园生态建设委员会”，指导全校师生和家长利用1个月时间，对生活中及校园环境问题进行了调查、分析和讨论，并设计发放调查问卷，通过实地调查、问卷调查和会议讨论发现，存在校园美化不足、校园绿色较少、绿化水平较低、师生日常生活中饮料瓶等废弃物不能合理利用等问题，有50%以上的调查问卷提到以下问题：

（1）学校南侧围墙面积大，但墙体破旧，影响美观。

（2）学生平时喝瓶装水后会随手丢弃饮料瓶，影响校园环境卫生，且饮料瓶不易降解，如果校园垃圾处理不当，会对生态环境、生物多样性保护造成不利影响。

（3）小学生跟父母参加亲朋好友婚宴时形成的大饮料瓶垃圾、家里聚餐产生的大饮料瓶垃圾、用过的食用油桶被随意丢弃，同样会对生态环境、生物多样性保护造成不利影响。

（4）学校缺少开展生态实践教学活动的场所，也缺少种植绿色植物的场所。

基于上述发现，提出如下合理化建议：

（1）粉刷改造校园的南侧围墙，将这面长110m、高2.5m的围墙建成小瓶种植基础墙，供学生开展墙壁立体小瓶种植实践活动。

（2）将学生回收废弃的大饮料瓶、食用油桶制作成小瓶栽的容器，种植绿色植物，挂置到小瓶种植基础墙上，由学生自己管理。这样既能合理利用饮料瓶等废弃物，又能美化校园环境、净化空气质量，还能培养小学生的实践动手能力。

校园生态建设委员会根据学生对校园环境的评审进行强弱项分析、排序，并分析原因，然后选择能通过努力可以改善的弱项确定了主题："我为校园添绿色——生态瓶栽小养植"，并围绕这一主题制订了"兴隆第一小学'我为校园添绿色——生态瓶栽小养植'活动教学计划表"。

兴隆台第一小学"我为校园添绿色——生态瓶栽小养植"活动教学计划表

时间	活动内容	活动方法	主要负责人
2016年 4～5月	向师生、学生家长发出节能环保倡议，增强师生环保意识，提升师生环境素养	1. 汇总校园环境问题评审结果，向全校师生公布 2. 向家长发放《我为校园添绿色——生态瓶栽小养植"活动倡议书》 3. 下发活动要求 4. 开发建设生态小养植基地，做好生态小养植活动的前期准备工作	徐鸣祁； 孙雨竹； 李雪涛； 王宏强； 夏秋
2016年5月 至2017年 8月底	开展"我为校园添绿色——生态瓶栽小养植"活动	1. 每个学生借与父母参加亲朋好友婚礼、聚会的机会，捡拾一只容量为2升（2L）的雪碧或可乐等饮料瓶，或者收集一只同样容量的食用油瓶、大塑料矿泉水瓶，把瓶盖拧紧，将瓶放倒后，在上面用刀制作一个15厘米×8厘米的开口，装满花土，在里面种（移）植一棵矮棵植物（要求种植的植物美观、健壮），放在家里养植。根据季节温度情况，按学校统一规定时间，将自己用废弃饮料瓶养植的瓶栽植物带到学校，按学校要求，以班级为单位放到养植基地本班的位置	徐鸣祁； 孙雨竹； 李雪涛； 夏秋； 各班班主任

（续）

时间	活动内容	活动方法	主要负责人
2016年5月至2017年8月底	开展“我为校园添绿色——生态瓶栽小养植”活动	2. 每个学生种植的植物由个人管理，班主任要对各自班级的种植管理情况进行监督检查。学校生态委员会将对种植情况、班级管理情况进行监测评估 3. 制定“绿植管理措施”并严格执行检查 4. 发挥生态委员会作用，加强对生态养植基地中瓶栽植物的监管，及时公布监测结果 5. 开展“我和瓶栽植物一起过暑假”“我和瓶栽植物一起过冬”生态小养植探究活动	徐鸣祁；孙雨竹；李雪涛；夏秋；各班班主任
2016年5月至2017年7月	与课程建立联系，利用学科课程开展“生态养植”实践活动及课堂教学活动，将生态小养植项目与课堂教学结合起来，春风化雨、不留痕迹地对学生进行美化绿化、废物利用等生态环保教育	1. 利用语文课，寻找教材中与花草树木种植、养护、生长特点及生态环保等有关的内容，结合学校开展的“生态小养植活动”进行课后延伸，开展课后探究、诗歌朗诵、演讲、日记等学习活动，使学生在掌握了解植物生长养护知识的同时，共享学习成果，增进交流技能、公开演讲、辩论的能力，增加参与发言和写作等教学活动的机会 2. 利用数学课或数学活动课，对收集的废弃饮料瓶进行统计，计算全校种植的植物棵数，了解这些植物对校园环境、空气质量改变的作用。然后，通过换算使学生了解废弃饮料瓶再次利用带来的经济价值，种植瓶栽植物对校园环境、空气净化带来的改变，开展生态小养植项目的生态意义及对我们校园环境的影响，以此加强生态环保教育，促进生态环保习惯的养成 3. 美术课指导学生用废弃饮料瓶制作花瓶，对养植的植物进行临摹，为小植物设计名片，以此来增进学生环保意识；开展生态规章的设计活动 4. 假期实践活动：指导学生开展“我和瓶栽植物一起过暑假”“我和瓶栽植物一起过冬”实践活动，指导学生了解自己栽种的瓶栽植物，收集资料，写调查报告，培养学生热爱自然，努力为生态环保做贡献的社会责任感	杨洪英；刘芳；段宇慧
2017年7～8月	活动总结	形成学校创建国际生态学校的实施报告，完成各项资料汇总整理工作	徐鸣祁；夏秋；郑伟
2017年9～10月	提交注册和申报材料	进入国际生态学校网站，按照7步法的要求，将活动资料上传，参加2017年国际生态学校评审	徐鸣祁；夏秋

2. 实施实践活动教学

2016年5月，学校的小瓶种植基础墙被全面建成并投入使用。学生的小瓶种植基础墙的实践活动开展得如火如荼。同学们通过开展用废弃饮料瓶种植绿色植物的小瓶种植活动，美化了校园，为校园增添了绿色，改善了校园生态环境，同时通过活动体验到了种植植物的乐趣，提高了动手实践能力，树立了人与自然为友的生态意识，养成了废物利用、保护环境的良好生活习惯。活动得到了家长的支持、社会的赞誉，吸引了不少中外青少年环保志愿者来学校参观学习，带动了周边学校和社区积极开展美化、绿化家园的志愿活动。

随着活动的深入开展，学校获得了最大化的生态教育效果，学生利用回收的废弃物美化、绿化校园的生态意识普遍得到增强，这种意识在学生心中渐渐扎下了根，并变成了他们的自觉行为。

3. 实现生态教育的学科渗透

（1）语文课中的学科渗透：将湿地生态教育渗透到各学科教学过程中，与各学科课程建立联系，尽可能地从各学科国家课程的教材、课堂教学等学校教育主渠道获得生态知识。根据各学科特点，在小瓶种植基础墙、小瓶种植实践活动教学基础上，对小学生进行废弃物合理化利用教育。在语文课教学过程中，寻找教材里与花草树木种植、养护、生长特点等有关的内容，结合学校开展的“我为校园添绿色——生态瓶栽小养植”实践活动教学进行课后延伸，开展生态问题探究性学习。例如，通过学习《一个小村庄的故事》，同学们知道了一个小村庄从美丽到一无所有是人们破坏生态、无视环保造成的。老师就进一步向学生提出“在学校开展用废弃饮料瓶种植小瓶栽有什么生态益处”这一问题，对学生进行生态道德教育引导。此外，语文课还利用学科特点，组织开展诗歌朗诵、演讲、日记等学习活动，使学生掌握、了解植物生长养护知识，共享学习成果，增进交流技能和公开演讲、辩论的能力，增加学生主动参与发言和写作等学习活动的机会。

辽宁省盘锦市辽河油田兴隆台第一小学湿地教学课堂

（2）数学课中的学科渗透：在数学课或实践教学过程中，统计收集到的废弃饮料瓶数量，计算全校师生种

植的小瓶株数，探究这些植物美化校园环境、改善空气质量的作用；然后通过换算，使学生掌握并能说出回收这些废弃饮料瓶的经济效益，以及废弃饮料瓶再利用以避免随手扔弃而污染土壤的生态益处，达到促进生态文明观念和相应的生活习惯养成。

（3）美术课中的学科渗透：美术课指导学生用废弃饮料瓶制作花瓶，临摹种植的小盆栽植物，并为小植物设计名片等以增进学生环保意识。

（4）综合实践活动课中的学科渗透：综合实践活动指导学生开展“我和瓶栽植物一起过暑假”实践活动，指导学生收集资料，写调查报告，培养学生的社会责任感。

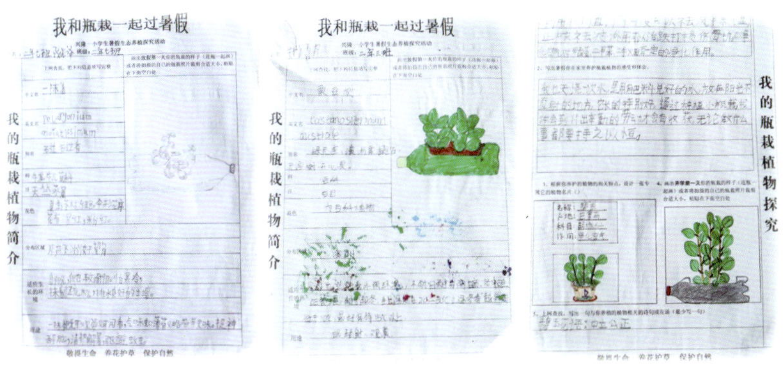

综合实践活动课中的学科渗透

（5）品德与社会课中的学科渗透：在品德与社会课堂上，学习《走进绿色世界》课时，引导学生理解在沙漠中种树是一件艰巨而长期的工作，让学生畅谈对沙漠植树、生态文明建设的感想：种树会给人们带来哪些好处？说一说我们学校开展小瓶种植活动都种植过哪些植物？通过学科渗透，使学生在欣赏校园美丽风光的同时明白花草树木与环境、与人类的关系，懂得种植花草树木的意义，明确为保护人类的生存环境要尽力。

老师给学生讲述“我为校园添绿色”知识

三、教学监测与评估

1. 成立监测和评估小组

为更好地对活动实施过程进行监测，保证统计数据有效，委员会自行分工，成立两个“我为校园添绿色——生态瓶栽小养植”监测和评估小组，监测和评估小瓶种植基础墙建设，督促学校后勤部门尽早完成小瓶种植基础墙改建工程，保证小瓶种植活动的顺利开展。对小瓶栽种植的情况进行检查，确保“生态瓶栽小养植”实践教学活动顺利开展。随着活动的深入开展，解决了校园存在的生态环境问题，回收利用废弃塑料瓶获得了较好的经济效益，校园废弃围墙改建全面完成，并为学生提供了开展生态小养植的场所。

辽宁省盘锦市辽河油田兴隆台第一小学小瓶种植基础墙

2. 评估实践教学活动效果

从分析生活及校园存在的生态问题入手，把校园内存在的生态问题作为生态教育实践活动教学内容，把小瓶种植基础墙作为生态教育实践教学基地。按照发现问题、分析问题、解决问题的思路，组织开展“我为校园添绿色——生态瓶栽小养植”实践活动，促进了学校学科课程、活动课程、潜在课程的优化，强化了素质教育，有助于提高师生的生态保护意识、生态保护技能、价值观和行为等生态素养；增强了学生对废弃物资源化利用的生态保护意识和动手

实践能力，绿化、美化了校园生态环境，引导学生建立了关爱生命、保护生态环境的责任意识；解决了校园存在的生态问题，改善了校园环境，废弃物得以回收再利用，促进了生态校园创建，提高了生态教育教学及管理水平，使校园环境更利于师生身心健康。通过开展“我为校园添绿色——生态瓶栽小养植”实践活动教学，提升了学校的办学品位和办学特色，促进了学校整体工作迈上新台阶。

辽宁省盘锦市辽河油田兴隆台第一小学开展湿地教学活动

生态摄影作品——《碧水蓝天》
五年级2班　杨其东（11岁）摄

生态摄影作品——《晨光里》
五年级5班　赵若希（11岁）摄

的共同努力参与下，学校“心系美丽湿地，呵护地球健康”湿地主题月实践活动持续1个月，学生参与率达到100%。湿地主题月实践活动受到了学生的喜爱，得到了家长们的大力支持，教给学生很多课本以外的知识，提高了学生独立思考的能力，培养了学生努力克服困难、互帮互助的品格，拉近了老师、学生和家长的距离。学生们通过参与实地调查、体验实践活动，深入了解了湿地的生态价值，更加热爱大自然、热爱湿地。通过不同的教学形式，从小培植学生心中爱护环境的意识，使湿地保护意识在内化与外化的不断转换中根深蒂固，让学生真正感受到湿地保护的必要性，从而树立保护湿地的责任感与自觉性，达到了实施湿地校本课程教学的初衷。

湿地被赋予“地球之肾”美誉，它不仅有生态调节功能和科研价值，还带给我们无穷的魅力，衍生出象征着城市文明的自然景观。面对资源约束趋紧、环境污染严重、生态系统退化的严峻形势，水车园小学作为西北第一所“湿地学校”和“全国生态文明建设示范校”，将培养青少年树立尊重自然、顺应自然、保护自然的生态文明理念，带着对学生的殷切希望与肩负的教育使命，义无反顾地坚持并进一步投入到湿地保护教育工作中，为建设美丽中国，实现中华民族伟大复兴继续贡献自己的力量。

探秘留下古桥

——浙江省杭州市留下小学

一、活动背景

1. 传承留下古镇的桥文化符号

留下镇是杭州第一古镇，从北宋建镇至今，已有一千多年的历史。这里自然环境优美，文化积淀丰厚，西溪河水从富阳余杭交接之地流经留下镇，再汇入西溪湿地。在留下老街，古灵慈桥、忠义桥、楹春桥等几座具有千百年历史的古桥自北而南依次横跨在河上，演绎着“一水穿镇，石桥横卧，傍河筑屋”的小镇故事。

桥是古镇人民心中的千千结。带着对桥的特殊情结，同学们走进留下历史街区，去探寻家乡桥文化，用心品味“桥”给古镇人民带来的悠然生活韵味，为自己能生活在这座有着丰厚文化的江南小镇而感到骄傲与自豪。

杭州西溪古石桥

2. 充分考虑学生的认知水平和自主学习能力

学生对于古桥并不陌生，都曾经走过古桥，6年级的学生已有了自主发现问题、提出问题，并能寻求各种途径处理解决问题的能力。所以，选取以古桥文化为背景的活动主题，贴近学生生活的活动内容，就是充分考虑到了6年级学生的认知水平，能最大限度地激发他们的参与兴趣。

学生手工制作古桥模型

当然，学生对留下古桥的历史文化知识及构造比较陌生，社会调查技能经验还非常有限。学校要为学生提供更多机会，让他们了解周围的生活环境，关注自己及同伴的心理健康、人际交往问题，激发他们对自然问题和社会问题的好奇心，动手实践，积极探索，通过任务驱动来开阔视野，丰富经验。在实践体验中要让他们更多地去看、去听、去想、去试。

二、教学过程

1. 启动阶段

（1）激发学生的实践探究兴趣：以“走进留下历史街区”为主题，通过报告会、专题课、班会讨论等形式激发学生对探究家乡留下古镇桥文化的兴趣。

（2）确定实践活动教学内容：分类整理学生提出的调查问题，鼓励并引导学生自主选择调查问题，确定活动内容。学生提出调查或探究的问题包括桥名来历、桥的建筑特点、桥的修建历程、桥的通行作用、关于桥的诗文等。

（3）确定实践活动方案：自由选择合作伙伴，组建调查小组，调查小组组员通过讨论共同确定实践活动、研究方案。

（4）优化实践活动方案。教师及时指导，分析各小组提出的实践活动、研究方案可能存在的问题，各小组针对实际情况优化实践活动、研究方案，最终得到最佳的实践活动和研究方案。

2. 实施阶段

（1）收集资料、分析问题：指导学生以网络搜索、查阅书报等方式收集关于调查分析问题的方案，获得开始实践活动所需的原始资料数据。

（2）制订方案并开展调查：各小组按照各自制定的实践活动方案走进古街，相关教师参与指导调查古桥的实践活动。

（3）完成调查报告：整理调查资料，进行分析、整合优化，初步形成实践活动调查报告及相关成果。

（4）完善调查报告：各小组互相讨论交流，指导教师提出改进意见，形成完善的实践活动调查报告和成果。

3. 总结阶段

（1）中队班队活动展示小组实践活动收获：各中队组织班队活动，各小组以最佳的方式展示自己小组实践活动的收获。

（2）评比表彰：评比表彰在实践活动中表现优秀的个人、小组和小队，在各班筛选出优秀小组，在年级组内进一步深化探究，开展学科整合学习。

（3）展示：梳理实践活动成果，进行成果展示、交流与评价，制作活动展板，完成宣传报道。

三、教学过程反思

1. 教师需要指导学生确定调查内容

在启动阶段，布置学生收集有关留下古桥的资料。第一次收集资料后，发现学生收集资料漫无目的，收集到的资料

学生户外参观古桥

和研究目标相距甚远，几乎拿来了所有有关留下古桥的资料。这就促使学校思考应该怎样指导学生收集资料？同学们应该怎样有序地收集资料？年级组教师通过讨论初步拟定了学生调查的方向和内容，然后与学生一起交流，进一步明确调查任务：学生以小队活动的形式进行实地考察；3座古桥主要探究其结构，思考古桥屹立不倒的原因，同时思考该如何保护这几座桥，这也是这个实践活动教学的重点；每个调查小组要各有侧重，忠义桥组可从造桥石料和拱形结构以及拱券中的榫槽构造等3个方面着手调查研究，楹春桥组可以主要从桥的组成以及保护建议两方面着手调查，古灵慈桥组要让学生自主发现，自主提出相关建议。在学生自主调查过程中，教师择机指导学生，如收集资料时要注意筛选、摘录要注明出处等。

第二次收集到的资料与第一次收集到的资料相比质量明显提高。除材料与研究内容高度相关外，学生还说明了资料来源。更可贵的是学生还在原始资料上加了批注、点评，表达了自己的理解和观点。两次资料收集也给老师们带来了思考：强调学生自主，不是老师放任不管，做甩手掌柜；要警惕悬在半空中的自主，只有老师指导学生细致到位，才能培养学生的自主学习能力。

2. 实现了实践活动教学过程的学科渗透

整个实践活动教学由综合实践、美术和英语3节课组成，三者有不同的作用。综合实践过程让学生对桥的基本结构有所了解，从而在美术课上能够引导学生用泥塑再现这3座桥，在英语课堂上由老师引导学生对桥作简单介绍。3节课相辅相成，对家乡桥文化的调查、了解和宣传构成了一个有机的教学过程整体。

学生手工制作拱桥作品

综合实践活动课程中的“探秘留下古桥”实践教学

（1）综合实践活动课程中的学科渗透：古桥研究作为带有地域特征的研究性学习是地方性课程，服务于地方和立足于地方十分重要。在综合实践活动课堂教学过程中，老师以学生前期调查为基础，让学生针对了解古桥的结构特征和保护古桥的举措进行汇报，不仅有利于加深学生对桥的理解，也激发了他们作为家乡主人翁热爱家乡、保护家乡的情感。汇报过程是简短的，但在这个过程中培养了学生搜集信息的能力以及相互交流合作的能力，并且让他们认识到小组合作的重要性。最后让学生以快板表演的形式介绍留下古桥，既押韵好记，又在课堂上起到了放松心情、愉悦心情的作用。在整堂课中，学生是课堂的主导者，教师则更多地扮演着前期指导者和课堂引导者。

（2）美术课中的学科渗透：基于学生对古桥基本结构的了解，美术教师通过陶泥的可塑性和易操作性引导学生再现古桥。从学生介绍的照片入手，将其转换成手画稿，体现了课堂中的美术性，最后展示桥的立体造型来分析桥的构造，给学生以直观真切的感受，便于他们对桥的各部分做进一步了解。

在操作泥塑之前，用微视频为学生讲解，引导学生注意观察视频，看如何将这些部件搭建成一座桥、制作过程中用了哪些方法、组装步骤以及如何确保各部件间的稳定。老师设计的微视频短小精简、直观有趣，能够激发学生的兴趣。前半部分的展示，让学生直观地了解快速制作部件的方法，后半部分则重点讲解如何快速搭建一座稳固的桥。通过这样细致直观的讲解，学生小组合作做泥塑桥事半功倍，用一个微视频有效地解决了这堂课的重点和难点。可以说，在短短的15分钟内要完成泥塑，既考验了学生的动手操作能力，也培养了

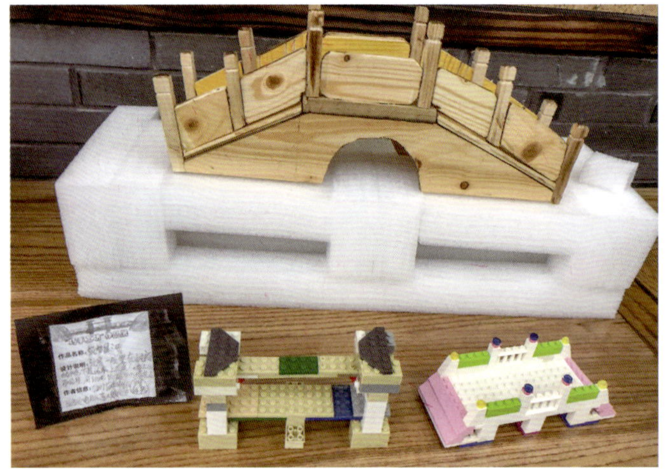

学生制作的木质、泥塑拱桥模型

学生之间的沟通协作能力。

（3）英语课中的学科渗透：在美术课渗透时已经初步涉及2位美国学生的情景导入、微视频中的英文字幕介绍等英语教学内容，这体现了美术老师教学设计中的巧妙构思，在无形之中为后续英语学习做好了铺垫。留下小学与美国林迪克森小学是友好学校，在课堂中引入2位林迪克森小学学生，更让学生有直观感，更乐意以主人翁的形式向他们介绍桥。

在综合实践活动课和美术课学习基础上，英语课则更侧重于掌握几个常用的介绍桥的英语单词“百、米、桥”，了解几句介绍桥的常用语，学会简单地介绍这三座桥。首先，老师用录音、图片形式介绍桥导入，激活学生对所学知识的记忆与体验，使学生识记新词语经过一个由抽象思维到形象思维的转化过程，加深了学生的记忆效果。

由于希望学生能在课堂上多点操练机会，也为了巩固学生掌握单词，让学生以各种形式读一读单词和练习句型，接着出示另外两座桥的介绍，请学生找出关键信息，并到黑板上填写。这样的教学形式不仅提升了学生提取信息的能力，也对之前学习的单词和句型做了进一步巩固。最后，由学生自由分组并自定形式介绍这三座桥。这样的方式很好地解决了本课的重点和难点，培养了学生自主探究能力和合作精神，还能对英语学以致用，激发学生学习英语的热情，通过语言这一载体弘扬中国历史与传统文化。

四、教学延伸

1. 进一步强化学科渗透

目前，“留下古桥”这个实践活动教学课题仅作为综合实践、美术、英语学科3门课程整合的教学内容，还留有许多学习研究空间。在此基础上，可以让桥以更多形态出现，充分挖掘古桥的研究价值，如音乐课上可以将桥谱写成美丽的歌曲，语文课上可以创作优美柔情的桥之诗，数学课上可以研究古桥的曲线美及承重能力等。

2. 培养留下小伢热爱家乡和家乡古桥的情感

古桥是留下镇的文化象征，有非常重要的文化意义和历史意义，以往在各学科课堂教学过程中有宣传和保护古桥的相关环节。但作为一次实践活动教学，不仅要将这部分内容在课堂中呈现，更应该通过实践调查、实践探究落到实处。在活动结束后，各中队、小队应采取恰当方法向古镇人民及游客进行保护古桥宣传教育，呼吁大家行动起来保护古桥。学校也应将有关古桥的内容形成系列课程，将这个保护和宣传古桥的美好任务延续下去，让它藏在留下小伢儿的心间。

杭州市留下小学学生自然笔记大赛颁奖活动

3. 利用多种材料制作古桥模型，培养学生的创新能力和动手能力

在美术课堂上，学生仅限于用泥塑来完成泥塑古桥，其实可以用到许多不同的材料制作古桥模型。在活动结束后，可以鼓励学生运用各种不同的材料进行创作设计，完成作品后还可以举办一个桥的制作展览，培养学生的创新能力、动手能力，增加他们的自信心，同时也起到了对古桥的宣传作用。

4. 邀请桥梁设计专家指导学生

在实践活动教学过程中，学生调查得到的关于留下古桥的资料有限，指导教师也缺乏桥梁建筑方面的专业素养。以后在教学过程中，可以邀请一些桥梁建设专家指导学生，引导学生利用自身搜集的资料以及应用专业知识对古桥开展更深层次的调查研究。

范例四

关注湿地　爱我百湖　争做护湖小使者

——湖北省武汉市江汉区华中里小学

一、活动背景和教学目标

1. 活动背景

（1）铸造“共荣生态教育”特色办学品牌：武汉市江汉区华中里小学创建于1950年，学校位于中华名街——江汉路步行街与江汉二路交汇处，有近70年

湖北省武汉市江汉区华中里小学屋顶花园一瞥

主题班队会

班级特色活动展示

本教材，学校精心制订了“关注湿地　爱我百湖　争做护湖小使者”主题行动计划。2015年5月29日，学校“关注湿地　爱我百湖　争做护湖小使者”系列主题活动在“走进夏天　走进湖泊”主题经典诵读活动中拉开了帷幕。经典诵读活动分为筹备、学习、行动、宣传4个阶段，每个阶段由专人负责，严格按照活动计划实施，强调学生的主体地位，做到公开、透明；活动从校内到校外再到校内，从学习到体验再到行为，让学生在活动的每个阶段多层次、多角度地意识到湖泊与每个人的生活息息相关，节约水资源、爱湖护湖要从身边小事做起。

（2）活动实施过程：①学习篇——以校本课程为依托，开展多彩课堂学习。学校引导各学科教师找保护湖泊教育切入点、渗透点和拓展点，利用晨会、班队会、黑板报等向学生介绍有关湖泊知识及湖泊保护知识。

“走进夏天　走进湖泊”主题经典诵读活动启动仪式

《美丽武汉　多姿湖泊》
校本教材

第一，实施《美丽武汉　多姿湖泊》校本课程教学。依托《美丽武汉　多姿湖泊》校本教材，在1～3年级进行保护湖泊湿地生态教育教学。该教材从武汉市166个湖泊中选取了14个具有典型代表意义的湖泊开展研究，从“湖之风姿”“湖之历史”“湖之名胜”“湖之今朝”“湖之诗词歌赋”“游湖感言”等方面展开介绍。

讲述湖泊故事

学习保护湖泊知识

2015—2017年《美丽武汉　多姿湖泊》课程研究课、展示课汇总表

时间	课题	年级	效果
2015.11	湿地之美	六年级	年级会展示
2015.12	爱我武汉　爱我湖泊	三年级	校内展示
2016.11	湖泊——探寻依湖而生	五年级	教学设计获武汉市一等奖
2016.11	湿地——鸟的天堂	四年级	教学设计获武汉市一等奖
2017.6	武汉最早办世界体育赛事的湖——后官湖	三年级	校级研究课展示
2017.6	武汉最多名胜的湖泊——东湖	二年级	接待德国环境专家
2017.10	我最喜欢的动植物	二年级	品德与社会研究课（学科渗透）

第二，实施《湿地——生命的摇篮》校本课程教学。依托《湿地——生命的摇篮》校本教材，在4～6年级开展湿地生态教育、保护湖泊湿地教育，借助校园湿地生态教育馆这一实践教学基地，让学生了解什么是湿地及其保护的意义，将宣传、保护、科学利用湿地的责任传给下一代。

校本教材《湿地——生命的摇篮》

②行动篇——引导学生开展“美丽武汉　多姿湖泊”社会调查和科学考察。武汉有“百湖之市”美誉，市域内166个湖泊，它们像一颗颗璀璨的珍珠镶嵌在长江两岸。湖泊是武汉大地的眼睛，是武汉市最美的风景、最富表情的姿容，是大自然赐予武汉这座城市的莫大恩惠。希望通过对湖泊的社会调查和科学考察，让学生懂得并体验到湖泊对人类至关重要，知道保护湖泊的重要性以及增强保护湖泊意识；通过开展“美丽武汉　多姿湖泊”社会调查、科学考察体验活动，让学生享受实践过程，锻炼学习能力，提高保护湖泊的意识；在活动过程中，增强学生的合作意识，培养学生热爱湖泊湿地、热爱大自然的情感。

认识鸟儿

2017年6月，通过家长委员会将“美丽武汉　多姿湖泊”社会调查、科学考察体验活动征集令发布到各班班群，在全校征集活动志愿者。根据参与学生的年龄特点，分层次、分小组组织学生参加社会调查、科学考察体验活动，每个小组由学生志愿者、家长志愿者及教师组成。每一个湖泊由不同年龄层次的学生参与调查，确定观察、调查和实地考察的视角，发现湖泊保护存在的问题。

2017年7月，武汉艳阳高照，骄阳似火，华中里小学的师生和家长志愿者一起走进武汉市各大湖泊开展如火如荼的“美丽武汉　多姿湖泊”主题社会调查、科学考察实践。“关注湿地　爱我百湖　争做护湖小使者”系列调查实践活动由学生、家长及老师共同参与，参加人数达200余人，活动让学生、家长以及教师在感受湖泊魅力的同时，更加直观地看到湖泊的现状。

湖北省武汉市江汉区华中里小学的“美丽武汉 多姿湖泊”主题社会调查、科学考察实践情况见表“学生走进武汉市各大湖泊参加社会调查、科学考察体验活动”。

学生走进武汉市各大湖泊参加社会调查、科学考察体验活动

认领湖泊	湖泊简介	参与志愿者	活动照片
小南湖	小南湖——武汉最小的城中湖泊，位于江汉北路和台北一路之间，东邻武汉青少年宫，湖面形状似一葫芦，东南端为一大湖，西北端是一个小湖。面积0.036平方千米，因位于黄孝河以南，俗称“小南湖”，是武汉市最小的城中湖泊	学生：陈鹏宇、侯佳乐、喻子昕、许嘉琪、陈蕴勃 家长：方琼、候春燕、喻骆、许晴、桂长生 老师：邱芮	 
水果湖	水果湖——最靠近武汉政治中心的湖，位于武昌东湖的西南，水域面积0.71平方千米，东连东湖水域，南岸为中共湖北省委驻地，西、北两面都临水果湖路，是湖北省政治中心所在地	学生：陈亚泽、谭皓天、王雅思、陈凯峰、朱一茗 家长：王静茹、徐丹、王志安、陈梦飞、向娟芬 老师：蔡畅	
紫阳湖	紫阳湖——武汉最有革命历史的湖泊，与著名的黄鹤楼、辛亥革命首义广场毗邻，震惊中外的辛亥革命——武昌起义，就是在位于紫阳湖畔的湖北新军工程第八营（现湖北省总工会机关所在地）打响了第一枪，从而点燃了遍布全国的革命火种，结束了中国历史上2000多年的封建专制统治，以不可磨灭的革命功绩载入史册	学生：祝逸璇、朱欣怡、肖罗以、宋美璇、郑子江 家长：王晶、朱慧娟、肖以贞、田兰、郑孔玖 老师：王燕	 
东　湖	东湖——武汉最多名胜的湖泊，落雁景区是东湖风景名胜区的重要组成部分，它北依白马景区，南与磨山景区隔湖相望，东临青王公路，总面积8.16平方千米，其中水域面积4.7平方千米，景区以滨湖湿地、湿地观湖泊和古树群落为主要特色	学生：邱宇赫、方清扬、王奕璇、潘晨阳、刘诗语 家长：朱琼芬、邱文飞、程红玉、杨雪梅、潘进 老师：陈雪	

（续）

认领湖泊	湖泊简介	参与志愿者	活动照片
沙　湖	沙湖——武汉最大的城市湖泊公园，位于武汉市武昌东北部，东邻中北路，南至小龟山，西抵武昌至大冶的铁路线，北达秦园路。按武汉市水务局最新公布的测量数据，外沙湖现实面积3.197平方千米，曾是武汉市仅次于东湖的第二大“城中湖”	学生：张馨怡、李乐怡、朱思琦、涂宇希、李昊凌 家长：张必凤、辜文贞、徐晖、涂珍、李晴 老师：霍天霜、涂浩	 
梁子湖	梁子湖——武汉最大的跨市湖泊，地处长江中游南岸，坐落在武汉、黄石、鄂州、咸宁4个市的交界处，是湖北面积第二大淡水湖，也是武汉城市圈的重要生态屏障，如江汉平原上一颗璀璨的明珠	学生：周欣莹、王聪燃、蔡旻桐、张嘉颀、田巧怡 学校：李红、向娅、蔡国霖、张刚、田峰 老师：夏文鑫、鲁晨晟	
汤逊湖	汤逊湖——武汉最大城中湖泊，位于湖北省武汉市江夏区，占地面积约47.6平方千米。到2010年，武汉汤逊湖已经超越武汉东湖跃居为全国第一大城内湖	学生：朱心玥、曾宪煜、汪子超、陶艺飞、朱景泓 家长：古利、钱舜枝、汪长荣、陈国庆 老师：陈艰、刘念	
月　湖	月湖——武汉最有故事的湖泊，位于汉阳城区西北部，东抵龟山西北隅，南傍古琴台与梅子山相邻，西抵赫山脚，北依汉水；水面宽阔，与龟山、梅子山、古琴台浑然一体，自然条件得天独厚；“高山流水觅知音”的优美传说，又为月湖风景区注入了深厚的历史文化内涵	学生：鞠景昊、欧阳子俊、周雨涵、万梓杰、陆子衿 家长：景鸣蓉、欧阳君、周琳、尹万峰 老师：张妮、王玥	

（续）

认领湖泊	湖泊简介	参与志愿者	活动照片
墨水湖	墨水湖——武汉中心城区具有最长跨湖大桥的湖，2007年建成的墨水湖大桥是武汉最长的跨湖大桥。全长1614.7米，跨湖面1170米，主桥长536米。全桥寓意“文风墨彩”	学生：车欣言、郭芯如、邹丽蓉、杨健翎 家长：马劲群、车益、戴敏、李兰花、杨军 老师：田芯、魏慧琪	
后官湖	后官湖——最早承办世界体育赛事的湖，位于湖北省武汉市蔡甸区、武汉市三环线与绕城公路之间，为蔡甸区境内第二大湖泊。2016年10月30日，来自世界各地的6000人在此参加了半程马拉松比赛	学生：廖彬宇、朱宇涵、金婉清、廖彬宏、黄林子涵 家长：刘永梅、王海涵、金睿、刘常伟、林长长 老师：朱青	
沉　湖	沉湖——武汉动植物最多的湖泊，位于武汉市西南部的长江之滨，是典型的淡水湖泊沼泽湿地，是浅湖、沼泽、草甸相连的湿地生态系统，也是武汉动植物最多的一处淡水湖泊	学生：江晋宇、刘文卓渊、黄婧涵、文泉、李颖媛 家长：江俊、彭晶芬、张纯、黄毅、文浩 老师：冷依馨、吴萱妍	
武　湖	武湖——武汉最神秘的湖泊，跨新洲县和黄陂县境，东汉江夏太守黄祖常率领水军到湖中操练。所以，此湖被称为演武湖。每天清晨，武湖上空水汽升腾，仿佛是十万大军正在操练溅起的热气！而这烟波缭绕的美景也成就了著名的“黄陂十景”之一——武湖烟障	学生：刘恩曦、龚锦鹏、梁若曦 家长：王志玲、陈迎晖、梁辉 老师：王玥	
金银湖	金银湖——首批国家城市湿地公园，位于武汉市东西湖区金银湖，是武汉市面积最大的城市湿地公园之一。这座国家城市湿地公园建于2001年，占地面积77公顷，其中，半岛型陆地17公顷，湖面60公顷，湿地面积占公园91%，是一座以水生植物为主的自然生态郊野型湿地公园	学生：王佳怡、胡书正、焦紫怡、聂诗琪、吴伯勋、汪乐同、杨开麟、于雯钰、杨雨萱、赵李澜 家长：王浩、胡天、焦新益、王丽、赵亚贞、汪国友、杨建、李雅、杨凯、李珍珍 老师：危志芳、邹玉	

③结论篇——根据收集的资料、访谈调查和实地考察结果撰写研究报告。活动过程中，学生运用观察法、文献法、实地考察法、访谈调查法等方法，了解了所研究湖泊的人文历史，感受了湖泊的美丽，体验到湖泊与生活的密切关系。考察过程中，学生对湖泊附近居民进行访问，从湖泊有无垃圾、湖水是否清澈、湖泊的水质情况、水生动植物、湖泊对附近居民的影响等方面进行调查，了解了湖泊之前和现在的变化以及湖泊对于附近居民的影响。据不完全统计，学生利用访谈调查法调查访问在湖泊附近居住居民达100余人（见图“湖泊附近居民对湖泊环境变化的评价”）。

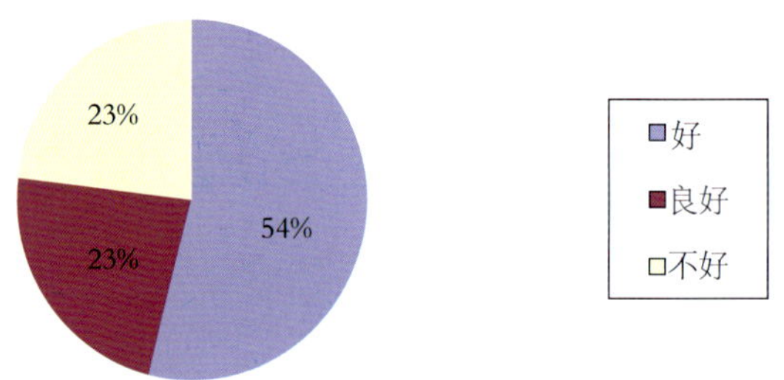

湖泊附近居民对湖泊环境变化的评价

活动结束后，学生根据湖泊现状及访谈记录完成了59份调查报告，并进行了“关注湿地　爱我百湖　争做护湖小使者”活动后问卷调查。学生问卷调查对比情况统计（抽样100人）如下。

a. 您认为湖泊保护是否重要，您身边的湖泊污染是否严重?

调查时间	A. 是的，很严重	B. 没关注，不知道	C. 还好，不严重	D. 无所谓，不管我事
活动前	12	60	10	18
活动后	41	12	47	0

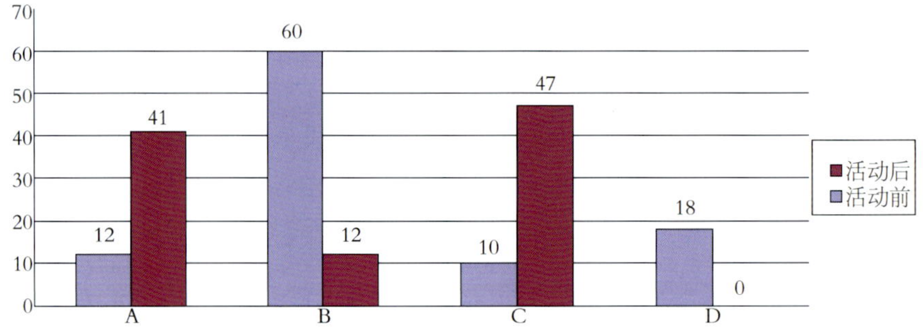

对湖泊认知活动前后调查对比柱状图

b. 您认为湖泊环境对城市和人们生活有影响吗？

调查时间	A.是的，影响很大	B.没有影响	C.有，但不明显	D.无所谓
活动前	6	48	34	12
活动后	66	0	34	0

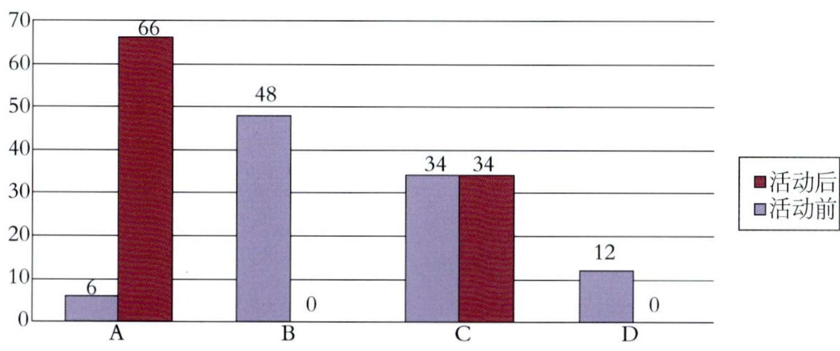

湖泊环境对城市和人们生活的影响活动前后调查对比柱状图

c. 如看到江河湖泊正遭受人为破坏，您会采取行动吗？（多选）

调查时间	A.向媒体反映	B.向管理部门举报	C.主动制止	D.无所谓
活动前	22	28	10	24
活动后	27	28	45	0

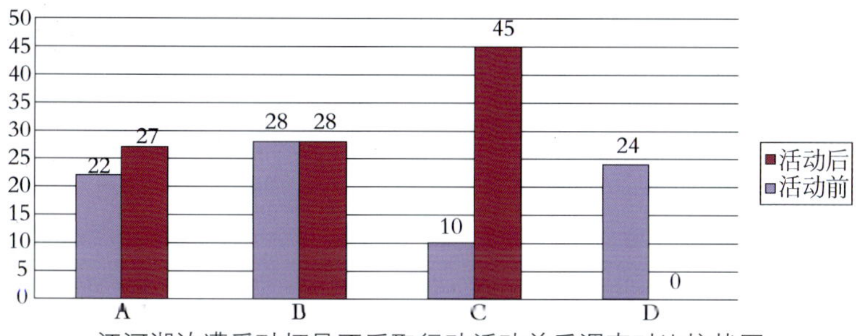

江河湖泊遭受破坏是否采取行动活动前后调查对比柱状图

d. 您觉得武汉市目前湖泊环保工作做得怎么样？

调查时间	A.很差，需要大力加强	B.一般，有所加强	C.很好，不需要加强	D.无所谓，与我无关
活动前	26	30	8	36
活动后	26	66	8	0

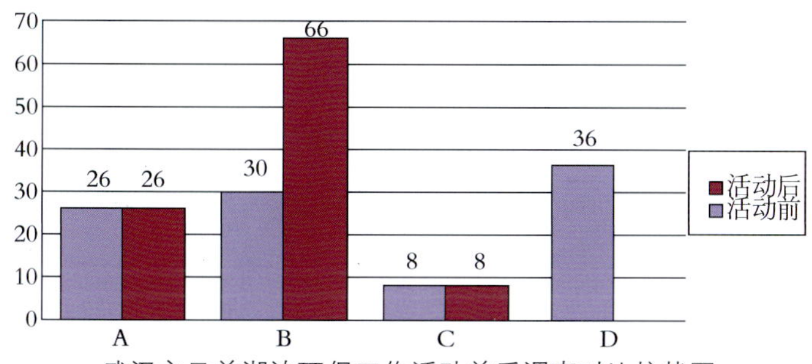

武汉市目前湖泊环保工作活动前后调查对比柱状图

调查结果表明：开展活动后学生对湖泊的认识有很大提升，知道了湖泊湿地与生活有密切关系，它为我们提供了丰富的物产资源，为动植物提供了良好的栖息场所，在调节气候方面起着重要作用，是大自然的馈赠。通过活动，学生学会关注身边的湖泊，关心身边事物，自觉地把节水习惯融入到现在和今后的生活和工作中去，从自己做起，从小事情做起，不追求回报，用热爱大自然、热爱生活的态度去影响和带动更多身边的人，让他们关注和参与湖泊的保护活动。

④宣传篇——通过宣传影响他人，吸引更多武汉市民保护湖泊。发挥学校德育教育阵地的作用，根据各班的学生特点开展“一班一特色，一班一生态”系列活动，扩散成果，扩大普及面，多层次、多角度地认识、了解湖泊，例如，五（3）班的“美丽湿地行”、一（3）班的“走进自然　探寻多姿湖泊”等。详情见表“2017年武汉市江汉区华中里小学‘一班一特色，一班一生态’系列活动”。

2017年武汉市江汉区华中里小学“一班一特色，一班一生态”系列活动

班级	主题	负责老师	班级	主题	负责老师
一（1）班	开心农场　快乐英语	朱青	四（2）班	同关注　共环保　我是地球小卫士	张星
一（2）班	走进湿地　鸟语诗香	涂浩	四（3）班	了解传统节日	夏文鑫
一（3）班	走进自然　探寻多姿湖泊	邱芮	五（1）班	清洁能源——太阳能	董婷婷
二（1）班	我和植物交朋友	王进	五（2）班	保护湿地	吴红
二（2）班	诗意湖泊　绿意盎然	陈艰	五（3）班	美丽湿地行	郭琼
二（3）班	走进湿地——树叶探秘	王灿	六（1）班	湿地——生命的摇篮	李红
三（1）班	诗意湖泊	霍天霜	六（2）班	太阳能	吴菁
三（2）班	诗意湖泊　鸟语诗歌	方慧静	六（3）班	鸟语唐诗	王玥
三（3）班	爱我百湖　护我百湖	鲁晨晟	六（4）班	我和植物一起成长	齐云
四（1）班	同关注　共环保　我是地球小卫士	钱俊			

各班举行“爱百湖，节约每一滴水”主题班队会，交流“节水小窍门”……同学们通过活动深刻认识到湿地的重要性、水资源的重要性，将爱湖护湖转化为生活中的小事之中；他们设计节水小报，张贴在校园各地，并将节约每一滴水这一理念传递给家长，影响周围的人群。

四、教学效果评估及反思

1. 教学效果

（1）学生切实地感受到自己是活动的主体："关注湿地　爱我百湖　争做护湖小使者"系列活动的着力点是促进学生自主学习。学生是活生生的人、有意识的人，是学习、认识、活动的主人，是活动的主体。在整个活动中，学校确立学生在活动中的主体地位，充分发挥他们的主体作用，调动学生参与活动的积极性、主动性和独立性，引导学生参与，把认识的主动权交给学生，尽量让学生自己去发现、思考、议论、实践，学生的观湖日记、爱湖小报、湖泊调查研究报告等作品或许很粗糙，但这些作品凝聚着学生的辛勤劳动。他们在活动中更多的是掌握了学习方法，锻炼了能力，这是最重要的。

（2）让学生感受到参与活动的快乐：兴趣是最好的老师。美术课上，教师利用多媒体把学生带入"湖泊世界"，欣赏多姿的多彩湖泊；带领学生开发了《保护湖泊》飞行棋，让同学们在玩中学习保护湖泊、爱护湖泊知识，深受学生喜爱。在校本课程《湿地——生命的摇篮》中，一年级小同学在老师带领下玩《飞行的大雁》游戏。语文课上，老师富有感染力的朗诵和现代化的多媒体教学，让学生感受到湖泊的魅力。学校充分利用一切教育资源，精心设计每一项活动，用有趣的活动、语言、游戏、舞蹈等吸引、激发、提高、促进、延续学生的活动兴趣。学生带着浓厚的活动兴趣，积极地参与到每一项活动中，使活动收到事半功倍的教育效果。

（3）学生感受到成为"护湖使者"的荣耀："关注湿地　爱我百湖　争做护湖小使者"系列活动之所以深受广大学生的喜爱，根本原因就在于它触及了学生的情绪和意志，以及学生的精神需要，使学生能深刻地体验到惊奇、欢乐、自豪、赞叹。学生将活动中对环境的认识和体会告诉周围的人，带动大家都来关心周围环境。

湿地学校学生开展湿地保护活动

（4）让学生感受到人与自然和谐关系的重要性："关注湿地　爱我百湖　争做护湖小使者"系列活动最终要达到的目的，不是要求学生记住若干知识点，而是使学生意识到人与动物、植物、自然环境间相互依赖共存的关系，从而达到规范自己和周围人群行为的目的。结合本校教育特色，建立环境教育基地，请专家讲座等形式，使学习和实践相结合、知识和技能相结合，让环境教育深入到全社会，使每个人认识和了解人、动物和自然环境的关系，真正达到规范自己行为和影响周围人群行为的目的。

2. 社会效果

"关注湿地　爱我湖泊　争做护湖小使者"主题活动历时2年，学生参与面达100%，具体为知识学习面达100%、宣传面达80%、调查实践活动参与面达50%。活动得到了社会各界的肯定，受到学生的喜爱，得到家长们的大力支持，引起新闻媒体的高度关注。新华社记者撰写的新闻报道说："学校虽小，舞台尤大！"

（1）学生真心喜爱：二年级三班的余嘉颖同学从小就听奶奶讲过沉湖这个地方，这次听说要去沉湖学习考察，她要求多次一定要去，还央求奶奶带路。二年级二班的邱宇赫同学在文中写道："在东湖这么多景区中，让我最难忘的就非落雁岛莫属了。我爱落雁岛，我爱这东湖里的一颗明珠，我会常来感受这里的美。"三年级一班刘文卓渊同学说："通过这次对沉湖湿地的调查和研究，我不但认识了保护湖泊的重要性，更了解了沉湖的鸟和鱼的分类情况，学到了很多课本以外的知识，也提高了自己收集、整理、分析、处理信息的能力。现在的我更加热爱大自然，更加懂得了环保的意义。希望沉湖水质越来越好，保护湖水，从保护身边的环境做起。"

（2）家长热情支持：郑爷爷是一位老武汉，积极为湿地生态保护实践活动教学出谋划策，老人家这次冒着酷暑领着孙子参加紫阳湖调查，为学生讲解、介绍紫阳湖的变化，在"爱我湖泊"网络群里总结心得。一年级二班陈亚泽

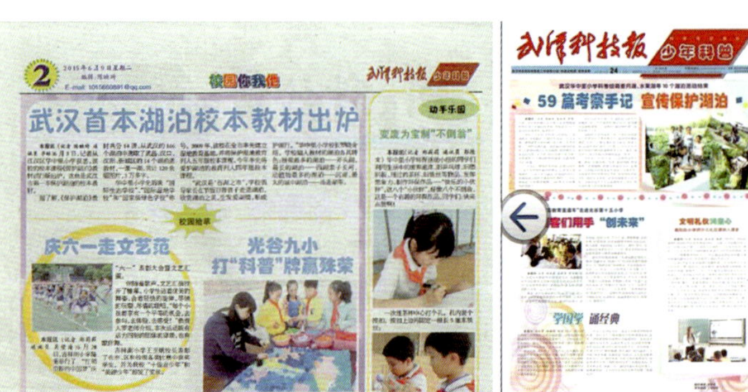
2　2015年6月9日星期二
校园你我他
武汉科技报 少年科普
武汉首本湖泊校本教材出炉
动手乐园
变废为宝制"不倒翁"
校园拾萃
庆六一走文艺范
光谷九小打"科普"牌赢殊荣

武汉科技报 少年科普
59篇考察手记 宣传保护湖泊
学国学 诵经典
文明礼仪润童心

媒体对学生开展保护湿地活动的相关报道

同学的家长王静茹说："谢谢老师们为孩子们举办的这个活动。虽然天气很热，但是孩子们与老师热情不减，活动锻炼了孩子们独立思考、克服困难、互帮互助的能力，非常感谢蔡老师的悉心指导。"二年级二班鞠景昊同学的妈妈景鸣蓉说："第一回体验了一次小记者，还有点蒙。这样的活动可以锻炼孩子，很有意义，谢谢领队王老师、张老师的指导！"二年级三班刘恩曦同学的妈妈王志玲跟着武湖调查组的师生一起经过千辛万苦来到武湖，兴奋地说："这里人很少，没车到达，我们走了好远才找到，真是意志的考验，大家太棒了！"

（3）教师感言：邱芮老师说："家长和学生都十分有积极性，热情很高，这次活动非常有意义，对家长和孩子、老师都是一次难得的体验。"成英老师感叹："这真是一次非常好的学生、家长、老师互动的社会实践活动！"一次研究性学习的目的，不仅仅加深学生对湖泊的了解，还培养了学生会思考、善表达的能力，也是培养学生克服困难、不达目的不罢休的品质，更是借一次活动拉近老师、学生和家长的距离。

3. 教学反思

"关注湿地　爱我百湖　争做护湖小使者"系列活动让学生们在领略武汉市多姿湖泊的魅力同时，激发了他们的爱湖之情，增强了他们的护湖意识。与此同时，学生们认识到了水资源的重要性，将这种认识转化到生活中的小事之中，设计节水小报展示于校园，并将节约每一滴水这一理念传递给家长，影响周围的人群。这真是一次非常好的学生、家长、老师共同参与的社会实践活动。学生们身处繁华的商业区，缺少与自然的接触，这次组织实践体验与创新活动，拓宽了他们的眼界，激发了他们的热情。尝试这种新的学习方式，让学生们学到了书本上没有的知识，历练了学校里难以形成的能力，潜移默化地增强了学生的社会责任感。但学校也清醒地看到，有一些教师、家长没有认识到这种学习的必要，参与这样学习的积极性不高；教师激发兴趣、培养能力的水平还有待进一步提高。一位省教育厅领导下校调研时说："学校虽小，但学校对教育价值的追求尤大。"

一湾湖水，诉说一段历史；一泓碧波，演绎一种风情。对于一座城市而言，城市是一幅诗情浪漫、美丽灵动的生态画卷。对每个市民而言，湖泊是一座心灵的栖园、一方流连的胜景、一处醉美的梦乡。守护湖之净，呵护湖之美，彰显湖之韵，是我们的共同心愿。让我们大家行动起来，爱护湖泊，建设绿水青山、美丽大武汉。

进一步开展"关注湿地　爱我百湖　争做护湖小使者"系列活动时应采取以下措施。

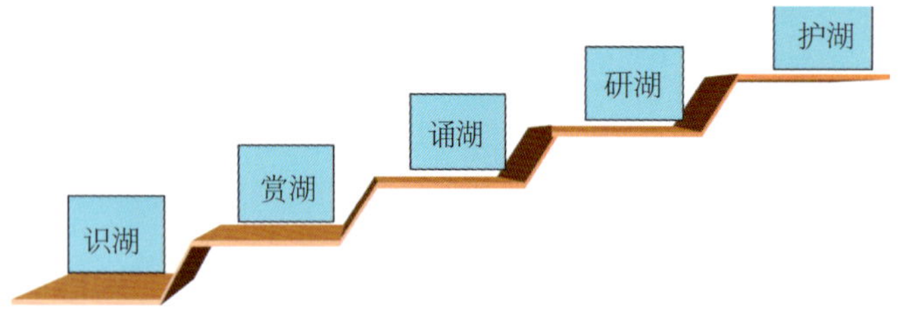

学生增强保护湖泊意识的过程图

（1）根据年龄分层次，让更多学生参加活动：学校根据学生年龄特点，对学生进行分层教学。一、二年级学生以认识东湖为代表的14个湖泊为主，鼓励学生与家长同游湖泊，感受湖泊之美；三、四年级以了解14个湖泊的人文文化为主，感受湖泊的魅力；五、六年级以研究性学习为主，深入湖泊考察，在敬畏大自然的同时能够发现问题，思考如何更好地保护我们的湖泊。

（2）根据每个人特点，让每个学生有机会充分表达："关注湿地　爱我百湖　争做护湖小使者"系列活动着眼点是全体教育对象。学校在开展此项活动时，面向全体学生，根据学生年龄层次，分层次组织学生参加活动，尽可能鼓励每一个学生参与，使每一个学生在不同层次的活动中认识湖泊，了解湖泊、自然和人类的密切关系，增强保护湖泊类的意识，提高环保素质。

（3）根据活动进度，让学生逐渐达到更深层次的思考。"关注湿地　爱我百湖　争做护湖小使者"系列活动根据学生年龄的特点和心理特点，在学生中开展不同的爱湖泊活动，从不同角度了解、认识湖泊，让学生在各种不同的活动中体会湖泊和人类密不可分的关系，自觉规范自己行为、影响周围人群的行为，从而实现人与自然的和谐发展。

（4）发挥网络优势，为学生、家长、老师搭建展示平台：学校建立了"华中里小学爱我湖泊"QQ群。学生可以将自己的学习作品在群里秀一秀，家长可以在群里为学校的活动进言献策，老师可以在群里悉心指导或传递信息。

2015年06月07日 星期日

— 文体新闻 —

版次：[8]

小学生设计出环保飞行棋

本报讯（记者宋兰兰 通讯员熊瑛）6月5日是世界环境日，江汉区华中里小学的孩子们收到礼物——《保护野生动物》、《保护湖泊》飞行棋，这是学生自己设计的新玩具。

这套飞行棋设计精致，且携带方便，每一部分都可以"一物多用"。装棋子的是生态布袋，棋盘是丝巾，旗子上有美丽的鸟儿图案。钟颖老师介绍，设计飞行棋是高年级大队委的寒假实践作业，在收集同学们设计方案的基础上，学校将孩子们喜欢的形式综合起来，加上了保护野生动物"五要五不要"行为规范。

"下棋的规则很有意思，如果出现了破坏环境的行为，按规则就会被罚退回到原点，随时提醒我们保护自然环境。"课间时分，学生们玩得不亦乐乎。

华中里小学校长罗晗介绍，飞行棋是学生喜闻乐见的玩具，这两套飞行棋的

媒体宣传报道华中里小学学生自行设计成果

范例五

走近麋鹿 亲近自然

——江苏省盐城市大丰区飞达路初级中学

一、活动主题

1. 活动背景

江苏省盐城市大丰区飞达路初级中学于2004年12月26日被授予为全国第一所湿地实验学校，现有30个班1500名学生，是大丰区规模较大的公办初级中学之一，学校环境优美，与风景如画的东方湿地公园和施耐庵公园毗邻。学校十分重视人文景观和文化氛围建设，多年来，学校一直致力于湿地研究，《走进南黄海湿地》是学校开发的特色校本课程。学校一直以江苏大丰麋鹿国家级自然保护区为湿地教学实验基地，并保持着良好的合作关系。

湿地专家考察江苏省盐城湿地实验学校

江苏大丰麋鹿国家级自然保护区始建于1986年，距离学校50千米，交通方便，便于出行。自然保护区内分布着林地、草荒地、沼泽地和自然水面，总面积达2667公顷，是世界占地面积最大的麋鹿自然保护区，拥有世界最大的麋鹿种群，承担着国家一级重点保护动物——麋鹿的繁殖、科研及湿地生物多样性保护研究任务，同时开展自然保护和湿地生态教育的普及工作，提高公众的环境保护意识。

江苏大丰麋鹿国家级自然保护区内的景点有封神台、观鹿台、听嗷坡、麋鹿本纪书法石刻、生物大观园等。这些景点融历史文化与湿地自然环境于一体，突出人文内涵和参与性，是对青少年进行湿地生态环境教育和爱国主义教育不可多得的户外自然博物馆、湿地生态大课堂。

盐城湿地实验学校师生在中华麋鹿园开设湿地讲堂

2. 活动目标

本次活动结合校本课程《走进南黄海湿地》，围绕“走近麋鹿　亲近自然”这一主题，让学生进一步了解家乡文化，培养学生热爱大自然的情感，全面提升学生的人文素养，充分彰显大丰区飞达路初级中学的办学理念和育人宗旨。

（1）认知目标：①了解麋鹿的外部形态、生存习性及对环境的要求；认识麋鹿的生存发展演变历史，从而理解人与动物、人与自然的关系。②认识麋鹿在现实生活中的生存价值；通过与麋鹿的亲密接触以及调查走访与资料收集，获得对保护湿地珍稀动物的迫切性的认识。③了解湿地其他动物和植物，让学生能够在书本上直观感受，提高对各种生物的认知度，感受大自然的神奇和美好。

（2）能力目标：①引导学生积极思考，发现问题。②通过探究，使学生能够提出自然生态圈建设的新观点，认识到保护环境的重要意义。③鼓励学生利用多种手段、多种途径来获取有关麋鹿信息，培养学生收集和处理信息的能力；通过亲身实践活动，培养学生团队合作能力、社会实践能力等。

（3）情感目标：①激发学生热爱家乡、保护麋鹿的责任感和使命感。②在小组活动和汇报交流中，引导学生学会合作，增强彼此友谊。③在成果汇报、展示过程中，引导学生体验实践成果带来的喜悦感和成就感，培养其自信心。

3. 活动支撑

（1）活动总策划：校长室及政教处。

（2）交通方式：校车。

（3）思想准备：活动动员及安全教育。

（4）各班领队：班主任。

（5）宣传：校报编辑部。

二、活动过程

1. 活动一：架“我与湿地”之桥

（1）湿地教育基地挂牌仪式、双方代表讲话。

（2）校长代表学校向大丰麋鹿国家级自然保护区赠送大丰区飞达路初级中学优秀学生湿地书画作品集。

（3）学生代表向大丰麋鹿国家级自然保护区赠送优秀个人书画作品。

（4）颁发湿地书画优秀作品获奖证书。

2. 活动二：爱你在心践在行

（1）学生在展台售卖胡萝卜、鸽食，向购买游客赠送飞达路初级中学学生湿地作品集、旅游宣传品等，意在表达为麋鹿增添口粮。

（2）学生现场作画。学生纷纷拿出画笔，画出心中的湿地、麋鹿等，可以是水彩画、树叶画等形式，传达保护湿地、保护麋鹿的方式、方法和理念。最终作品由大丰麋鹿国家级自

学生前往湿地教学基地开展湿地保护活动

学生绘画《麋鹿与湿地》

然保护区留存、使用。

（3）写出心中的梦想，在梦想墙上留下美好的祝愿。

3. 活动三：我与麋鹿有个约会

（1）观看有关麋鹿的录像，了解有关麋鹿的相关知识。

（2）参观中华麋鹿园。

学生在中华麋鹿园饲喂湿地动物——麋鹿

（3）与人工驯养的小麋鹿亲近。

（4）与野生放养的麋鹿零距离接触，喂食麋鹿。

4. 活动四：分享实践之果

进行活动小结与成果汇报。

三、活动分析

这是一次有意义、有价值的活动，通过与麋鹿的亲密接触以及前期的调查走访与资料收集，使学生认识湿地，走近自然，获得了对保护珍稀动物的直观认识；通过亲身实践活动，培养了学生群体合作、社会实践等能力，激发了学生热爱家乡、保护湿地、爱护麋鹿、亲近自然、保护环境的责任感和使命感；在活动成果汇报、展示的过程中，学生体验到了完成实践活动后的愉悦和满足，收获了成功的喜悦。

社会大课堂充分发挥社会实践资源的优势，带领学生走出教室、走出学校，走进社会，使学生的综合能力在社会实践的大课堂中得到发展和提高。“走近麋鹿，亲近自然”的主题活动是将江苏大丰麋鹿国家级自然保护区的资源和校本课程中的相关内容有机融合而设计的。

盐城湿地学校聘请湿地专家授课

本次主题实践活动具有以下特点。

第一，找准社会实践资源与课程内容的链接点。校本课程有关内容，旨在引导学生了解生物界动物类群的不同动物，知道它们的形态特征和习性是多样而有趣的；认识一些我国特有的物种；明白生活在不同环境里的动物与人类密切的关系；激发学生热爱动物的情感，萌发关注动物生存的意识和责任感。江苏大丰麋鹿国家级自然保护区恰恰体现了人类对动物的爱护和保护，是对学生开展自然保护和生态环境教育最有利的资源，为此，教师把学生带进了江苏大丰麋鹿国家级自然保护区，在自然保护区中开展了这次主题活动。

第二，精心设计活动过程。江苏大丰麋鹿国家级自然保护区的内容极其丰富。教师根据初中学生的认知水平和生活实际，从中精心选择适合的活动内容，巧妙设计活动过程，使学生经历了惊喜、兴奋、反思的情感历程。学生从故事中知道了麋鹿的宝贵，从零距离地接触中感受了麋鹿的可爱。学生们在观察、体验、参与中收获了很多，这些真情实感的流露是在教室中难以体验到的。这些活动使师生真正感受到社会大课堂的魅力。

四、活动拓展

对这次“走近麋鹿　亲近自然”的主题活动，有几点思考。

首先，活动的前期准备工作要做好。社会大课堂的活动与教学课程紧密联系在一起，服务教育教学是社会大课堂的初衷。根据教学内容的需要，学校利用江苏大丰麋鹿国家级自然保护区的优势，带领学生们走进自然保护区这个大课堂，根据初中学生的年龄特点和现有的知识水平，选取了与活动主题相关的活动，并邀请自然保护区的工作人员参与到学校的学习活动中。

盐城湿地学校在湿地教学基地开展活动

其次，顺利进行社会大课堂的学习活动需要各方的帮助和支持。这次学习活动，得到了学校领导的大力支持，多方联系车辆；得到了江苏大丰麋鹿国家级自然保护区内工作人员的大力支持，提前陪同游览自然保护区，选取适合学生活动的场景，并参与到活动中；还得到了学生家长的大力支持。总之，社会大课堂是一次教育系统内部资源与社会资源的结合，把教育从学校范围扩大到整个社会，体现了“跳出教育看教育，回到教育抓教育”的大教育观思想。

这次“走近麋鹿　亲近自然”的主题活动，也存在着一些不足之处。如有些学生在收集和处理信息的过程中，只是停留在肤浅的表面现象，缺少更加深入的思考。为此，学校设计了两张表格（详见表1、表2），让学生们填写，以此增强学生热爱家乡、保护麋鹿、保护环境的责任感和使命感。

表1　大丰区飞达路初级中学社会大课堂活动评价表

姓名________　　　班级________

评价项目	具体内容	评价等级				我对自己的评价
		A	B	C	D	
情感态度	①积极参与活动					
	②主动提出设想、建议					
	③不怕困难和辛苦					小组对我的评价
合作交流	①主动和同学配合					
	②乐于帮助同学					
	③认真倾听同学们的观点和意见					
	④对班级和小组的学习做出贡献					爸妈对我的评价
学习技能	①活动方案构思新颖					
	②会用多种方法收集、处理信息					
	③实践方式方法多样					
实践活动	①积极动脑、动手参与					老师对我的评价
	②会与别人交往					
	③活动有新意					
	④有关注社会、关注环境的意识					
成果展示	①活动总结					
	②表演、汇报等					
	③成果有新意					

表2 麋鹿保护调查活动报告

一、调查目的

了解麋鹿的外部形态、生存习性及麋鹿对环境的要求。通过与麋鹿的亲密接触以及走访调查与资料收集，使学生获得对保护珍稀动物和保护湿地迫切性的认识，使学生能够提出对麋鹿保护的新观点以及解决麋鹿保护问题的新思路。

二、调查报告

活动结束后，每人撰写一篇不少于600字的麋鹿保护调查报告，谈谈保护麋鹿和保护湿地的重要性，星期一以班级为单位交到政教处。

中华麋鹿园考察报告

姓名		年龄		性别		班级	
学校名称							

范例六

探寻菜籽湖和新河 保护家乡湿地

——安徽省安庆市双莲寺小学

一、活动背景和教学目标

1. 活动背景

安徽省安庆市双莲寺小学开展的“探寻菜籽湖和新河 保护家乡湿地”绿色科技实践活动以“创新、实践、生态、合作、发展”为教学理念，通过利用各种教育资源组织学生社团开展各种各样的实践活动，对学生进行德育渗透，培养良好的道德品质。在湿地生态教育方面，学校绿色科技实践社团连续9年以安徽省菜籽湖国家湿地公园为基地，开展认识湿地、宣传保护湿地实践活动。菜子湖湿地是候鸟的天堂，多年来，由于菜籽湖湿地生态保护协会精心呵护湿地栖息的候鸟，每年迁徙到菜籽湖越冬栖息候鸟已由过去每年不到2000只达到现在10万多只，有大雁、天鹅、东方白鹳、白头鹤等40多种国家Ⅰ级、Ⅱ级保护鸟类在湿地跃舞争鸣。在每年候鸟迁徙季节，老师带领学校绿色科技实践社团深入菜籽湖考察湿地、湿地开发和保护设施，观察在湿地栖息的候鸟，探究菜籽湖湿地的候鸟种类及生活习性。

2017年年初，学校又开发了另一处湿地生态教育资源——安徽省安庆市新河，组织师生对新湿地公园进行综合考察，让他们了解关注家乡更多湿地，保护家乡湿地。新河是一条流经安庆东部城郊的河流。20年前新河清澈见底，河里鱼虾成群。随着时间推移，河床越来越窄，慢慢地变成了淤泥沟、垃圾沟，导致两岸居民怨声载道。由于连接安庆老城郊的东大湖，新河在城市发展中已成为连接安庆老城与东部新城的纽带。2012年8月13日，新河水系整治一期工程开工，正式借名“康熙河”。康熙河（新河）水系整治工程完工后，新河不

野外观察湿地植物

再仅仅是安庆新城区一条排涝河渠，还是政务新区一道靓丽的城市风景、一条民心河、一条见证安庆变化的河。康熙河（新河）水系整治工程是安庆市21世纪一项重大民生工程，更是国家历史名城安庆富有千年文化底蕴的历史文物的重大保护工程。

2. 教学目标

（1）培养学生的节水意识和社会责任感：通过开展“探寻菜籽湖和新河　保护家乡湿地”绿色科技实践活动，了解水在动植物的生长和人类社会发展过程中的重要作用，了解安庆市水资源情况，增强节约用水的自觉性，培养学生保护水资源的意识和社会责任感。通过对新河水质、新河湿地景观、植物多样性开展考察与宣传，增强保护湿地资源的意识。

（2）培养学生的自主学习能力、探究能力：通过搜集资料、实地考察、演讲讨论、小组合作学习等多种活动方式提出问题、分析问题、解决问题，培养学生的分析问题能力、自主学习能力和探究能力。

（3）培养学生爱科学、保护家乡湿地的情感：在实践活动中学生形成合作精神，能相互交流实践活动心得，培养了他们学科学、爱科学、用科学的良好习惯及热爱家乡、爱护环境的情感。

二、教学对象与时间安排

（1）教学对象：“探寻菜籽湖和新河　保护家乡湿地”实践活动教学对象是安庆市双莲寺小学六（4）班部分同学。参加实践活动的同学分为资料收集小组、水样采集小组、植物考察小组和摄影小组4个小组，共12人。其中，资料收集小组包括组长李文妍（女，12岁）和吴佳忆（女，12岁）、丁郎朗（男，11岁），水样采集小组包括组长曹昊衍（男，12岁）和甘陈烨（女，12岁）、张韵涵（女，12岁），植物考察小组包括组长王泽锴（男，11岁）和桂叶蕊（女，11岁）、唐朝（男，11岁），摄影小组包括组长杨笑寒（女，11岁）和孙延（女，12岁）、郑子馨（女，11岁）。

（2）时间安排：2017年3月18日至10月25日。考察方式有实地考察、网上查找资料、请教专家、采访调查。

三、教学内容和教学过程

1. 探寻新河的过去与现在

（1）新河名称的起源：新河是一条通往长江的人工运河，也称康济河，由于开挖于清代康熙年间，“康济”与“康熙”音近，故亦称作康熙河。清康熙60年《安庆府志》收藏的《府境六邑总图》上画有康熙河，它北上桐城、东至太子矶、西通大湖、南达大江，与演武所、白水庙之间的“新河”相互贯通。自此，康熙河又称新河。新河水系位于安庆市东部新城，西起大湖，东至秦潭湖，南抵长江，北至石塘湖、破罡湖，是沟通城区大湖、长枫港等水体的主要通道，也是城区水体排入长江的咽喉要道。

（2）走进新河的历史：在调查走访中，一位在新河边居住了40多年的居民向实践小组同学们描述：“我小时候，康熙河非常漂亮，河水清澈见底，能见鱼虾，河岸上绿树成荫，夏天的时候大家都喜欢成群结队地到河里去游泳。但是到了20世纪80年代，河流就变脏了。”新河污染也使得周边自然环境迅速恶化，影响了居民生活。“以前河面上飘着垃圾，淤泥又黑又臭，这一带气味儿很难闻。”一位环卫工人告诉同学们，昔日人们走到新河边，都避之不及，手捂口鼻，匆匆离去。

新河具有灌溉、调节水位、蓄洪等作用。但年久失修、淤塞使得周边常常遭受旱涝，影响了村民生活。

双莲寺小学师生湿地调研合影

（3）感受新河新貌：近年来安庆东部新城发展日新月异，新河水系的防洪、灌溉及排涝体系已不能适应新形势，急需加以整治。2011年年初，市委、市人民政府将新河水系整治工程项目作为城乡建设重点工程和民生工程，并列入安庆“十二五”水利建设规划。

新河水系整治工程西起龙眠山路，北至环城北路，东至秦潭路，南至沿江路江堤，建设主要内容包含一湖（秦潭湖）、一带（沿新河绿化带）、两路（新河路、晴岚路）、两区（两处安置小区）、三桥（晴岚路上的四号桥，新河路上的文苑可桥和顺安河桥）、七河（新河、晴岚河、潜江河、港口河、文苑河、顺安河、怀湖河）。项目建成后，新河通江达湖，防洪排涝功能显著增强，成为安庆市一道亮丽的风景线。

配合新河水系整治工程的还有安庆新河景观带建设工程。新河景观带位于安庆市振风大道以南、新河路以北，东起港口路，西至龙眠山路，全长6.6千米，建设项目包括广场、桥梁、园路等硬质景观建设，规划面积2.26平方千米。工程于2015年5月20日开工，2016年年底完工。

新河景观带规划配套建设了11000平方米人行景观桥梁。河道两侧绿地宽200米左右，河道宽60～120米。通过实施生境修复、水体净化、文化挖掘等，构建了文化景观优美的新河。运用各种景观设计手法，打造了湿地植物园区、休闲商业水岸区、市民公园区、自然生态滨水公园区4个不同风貌特色的主题景观区，使新河成为绚丽多彩、乐活低碳的东部门户。新河环境整治景观项目已成为安庆市东部新城区为市民提供休闲、观光、购物的新场所。同时，因西临皖江公园、东临秦潭湖公园、南与顺安河贯通，疏通后的新河水系对城市防洪排涝具有重要作用。

考察小组于2017年3月18日、5月15日两次在老师带领下，来到新河湿地公园实地考察。大家发现，之前调查中所耳闻的以及从老照片中看到的河面上漂浮的垃圾没了，难闻的气味儿也散了，河水清澈，倒映着拱桥，河岸两边野草野花遍地、绿草茵茵、垂柳依依，甚是养眼。沿途看见市民在此垂钓，上前询问新河里的鱼品质如何，都说不错。经过近6年的治理，新河的水质已经变清了，大家惊喜地发现水中还有鸭子、青蛙、螃蟹等生物。这里再不是人人厌弃的臭水河，而是变成了孩子们玩耍、青年人约会、老年人散步的好地方。

双莲寺小学学生在采集水样

2. 采集水样、分析水质

2017年10月8日上午，在老师带领下，4个实践活动小组再次来到新河，每隔1000米在新河4个不同河段采集水

样。采集水样时发现，新河部分水道长满了盛开着蓝色花朵的碧绿水葫芦，十分好看。但有水葫芦覆盖的水面却不时散发出一股难闻的气味，这引起了大家的关注与思考：水葫芦是引进的外来物种还是本地的植物呢？它对新河水质有怎样的影响？带着疑惑，通过上网查资料了解到，水葫芦虽是一种外来入侵植物，但有很强的净化水质能力。新河河面分布的水葫芦，能够迅速吸收水体中的氮和磷，加快河道内源污染治理进程，降低水体富营养化，有效改善河道水质。但如果不限制水葫芦的生长繁殖，那么河道都将被其覆盖，生物链将被破坏，最后会造成水体缺氧，河道就会变成臭水沟。

大面积分布的水葫芦对新河水质有什么影响呢？如何利用水葫芦的水质净化能力改善新河水质？面对如此疯长的水葫芦，相关部门应采取什么措施限制水葫芦蔓延……2017年10月26日，调查队员带着这些问题来到市水利局，向章莹科长请教。章莹科长热情接待了小队员，认真倾听小队员们提出的各种问题，并一一细致解答。她告诉小队员们，6月以来，由于安庆气温高，闷热天气多，湿度大，今年水葫芦长得格外茂盛，下一步将采用人工或机械手段打捞新河水面的水葫芦，限制其过度生长。另外，市人民政府正计划修建雨污分流排水系统，逐步改善新河水环境。

通过向专家请教，小队员们明白了许多，了解到我国地面水按照水质分5类：一类主要指国家级自然保护区的源头水；二类与我们生活息息相关，主要指一级水源保护区的地表水；三类主要指二级水源保护区的地表水，比如，鱼虾越冬场、洄游通道等的水；四类主要指一些工业用水和一些娱乐用水区的水；五类主要指用于农业及一般景观区域的水。在监测站老师指导下，队员们学会了看水质分析表，了解到长江水质介于二类水与三类水之间，而新河属于景观区域用水，属于第五类水。

3. 新河湿地植物多样性考察探究

新河景观带植物丰富，栽种各类植物近400种，其中，水生植物达100余种、乔灌木6万余棵。这些植物与湖泊、河岸组成一幅绿树成荫、草木苍翠的自然风景。2017年3月、6月和10月，实践活动小组3次到新河考察、探究新河湿地植物多样性。通过考察，实践活动小组同学认识了如下湿地植物。

（1）荷：荷又称莲，是莲科莲属多年生草本挺水植物，一般能长到150厘米高，横向扩展到3米，荷叶最大可达直径60厘米，以叶大、整洁、色绿者为佳。荷的茎是绿的，上面布满了小刺儿，好像一把伞柄；如果把茎折断，茎上有许多连着的丝。荷是多年生具根茎水生植物。荷喜欢生长在肥沃、富含有机质的微酸性黏土中。

范例七

“湿”情“话”意太湖美

——江苏省无锡师范附属太湖新城小学

一、活动背景和教学目标

1. 活动背景

蒙台梭利的教育理念认为：孩子具有吸收性的心灵，能通过与环境互动进行学习。无锡师范附属太湖新城小学的同学们，富有好奇心又爱探索，让他们在一节课上尽兴是很难的。“‘湿’情‘话’意太湖美”实践活动教学，彻底打破了封闭、单一、传统的教学模式，为同学们打开了一扇了解真实的客观世界，并与客观世界有效互动的窗口。在这个空间里，同学们真正以吸收性的心灵学习湿地生态保护知识。开展“‘湿’情‘话’意太湖美”实践活动教学主要基于以下几方面的思考。

无锡师范附属太湖新城小学
湿地生态教育教学教材

（1）无锡的地方特色：无锡市河流密如蛛网，湖塘灿若星斗。数千年来，傍水而居、枕水而眠的无锡形成了独特的人文与自然相映成趣的地方文化特色。近年来，在市政规划中，无锡还陆续打造了长广溪、贡湖湾、尚贤河等近10个湿地公园，供市民闲暇时与水亲近，观赏鱼蟹蒲苇，聆听鹭鸥声声，感受岚影波光。“‘湿’情‘话’意太湖美”实践活动教学基于无锡的湿地地方特色，让小朋友们增进对无锡湿地的了解，培养对家乡的情感。

（2）儿童自然教育理念的回归：受现代工业文明的冲击，如今的孩子越来越疏离大自然。儿童心理学研究表明，与大自然的疏离容易使孩子变得孤独、焦躁、易怒。在这样的社会背景下，带领孩子走进大自然、与自然环境亲密接触的“自然教育”理念强势回归。让孩子们从课本中解脱出来，观察和探索大自然，感受自然界的美丽与奥妙，不仅有利于激发少年儿童对自然界的好奇心和探究欲望，也有助于解决儿童的一系列心理和人际交往方面的问题。“‘湿’情‘话’意太湖美”实践活动教学是一次尝试围绕太湖湿地这一自然生态景观，以“自然教育”带动学生心理培育的教育探索。

（3）养成生态保育意识：湿地是地球生态系统之一，以其强大的水质净化功能被称为“地球之肾”。小朋友们走近湿地，探索湿地独特而复杂的植物群落，结识湿地多姿多彩的动植物，有利于丰富生态保护知识，培养环保意识。“‘湿’情‘话’意太湖美”实践活动教学的内容源于生活，高于生活，并最终回归生活。置身于无锡这座湿地资源丰沛的城市，小朋友们是幸福的，但更有责任和义务在一点一滴的生活实践中保护这份美好。

江苏省无锡市蠡湖国家湿地公园

江苏省无锡师范附属太湖新城小学校园开放式湿地展馆

江苏省无锡师范附属太湖新城小学学生们在湿地中搞科研，寓教于乐

2. 教学目标

（1）知识传授目标：通过走近湿地、认识湿地，掌握湿地和人类的关系、湿地的动植物知识以及湿地的变化和保护湿地的措施。

（2）能力培养目标：培养学生初步掌握收集资料、分析资料的方法，湿地调查的方法，探究和处理问题的方法，以及参与社会实践、各种访谈调查和问卷调查的方法；培养学生的团队协作能力、观察分析能力、动手操作能力。

（3）品质培养目标：培养学生积极的生活、学习态度，培养他们合作、分享、积极进取等良好的个性品质，使他们成为学校、社区的小主人。

二、教学内容和教学过程

1. 教学内容

（1）了解湿地：组织全年级264名学生观看《湿地》纪录片，了解湿地的作用以及如何保护湿地。

（2）学科渗透：在“‘湿’情‘话’意太湖美”实践活动教学设计过程中，各学科通过学科渗透、学科整合，让学生通过参与湿地生态教育中认识湿地、了解湿地和人类的关系、保护湿地等3个阶段的活动，将湿地生态教育整合、渗透到各学科国家课程教学中。

2. 教学过程

（1）语文课整合、渗透的湿地实践活动教学和湿地生态教育：芦苇丛生，水草摇曳，湖波鳞起，浮游纵横，无锡湿地集生态、科普、人文为一体，是不可多得的“大语文”教学素材。围绕“‘湿’情‘话’意太湖美”这一主题，语文学科将紧扣“情”与“话”二字展开主题活动教学。所谓“情”，即引导学生掌握无锡湿地的基本情况、生态特征，培养学生对湿地动植物及湿地自然风光的喜爱之情。“话”是在激发真情实感的基础上，鼓励学生通过语言将其表达出来。通过主体活动教学，要让学生了解什么是湿地，湿地的种类和功能，湿地为何被称为“地球之肾”。

开展探究，用小报的形式介绍湿地，初步探讨湿地对生活环境的影响。深入探究湿地中有哪些动植物，选择最感兴趣的做介绍。培植一种最喜欢的湿地植物，记录观察日记，

学生绘制的湿地动物画

体验种植乐趣，制作生态瓶，引导学生进行自然观察，写出观察日记。开展团队合作训练，以班为单位进行一次主题发言式讨论，引导学生主动参与到学习过程中，从视觉——我眼中的湿地、听觉——我听过的湿地之音、味觉——舌尖上的湿地、嗅觉——湿地的气味、触觉——触摸湿地5个方面充分感知湿地之美。了解无锡各个湿地公园的资料和湿地植物信息，做成湿地资料卡。同时，实践种植蕨类植物、写观察日记、做生态瓶，小手拉大手，倡导身边的人一起保护湿地。制作爱护湿地宣传报，展示生态瓶，培养同学们口头表达能力和简单的文学创作能力。

（2）数学课整合、渗透的湿地实践活动教学和湿地生态教育：无锡自古就是鱼米之乡，现在已建成国家森林城市，还是中国历史文化名城、优秀的旅游城市。鼋头渚、梅园、蠡园、荡口古镇，3个国家湿地公园，宜兴善卷洞等，都是享誉国内外的著名景点，所以无锡被誉为“太湖明珠”。作为无锡人，首先要充分了解家乡，用自己的实际行动保护无锡的生态环境，爱护身边的一草一木，做一个爱家园、爱生活的好少年。

五年级学生已具备一定的实践能力，结合“如诗、如画”湿地实践活动、湿地生态教育主题，五年级数学组开展不规则图形的面积计算教学时，让同学们走进大自然，探究湿地有哪些植物，了解这些植物叶子的形状特点，制作1平方分米、1平方厘米、1平方毫米的小方格图，测量不同树叶面积，体会数学和生活的联系，逐步培养学生积极生活、学习的态度，使他们具备一定的交往合作能力、观察分析能力、动手操作能力；引导学生初步掌握参与社会实践的方法，以及搜集分析资料、发现问题和探究问题的方法，使他们形成合作、分享、积极进取等良好的个性品质，成为创新数学、创新生活的小主人。

“美如叶子　爱我湿地”学生标本作品展示：在完成五年级数学第二单元《多边形的面积》教学后，让学生收集太湖湿地各种湿地植物的叶子，压在书里风干，用A4纸打印出1平方分米、1平方厘米、1平方毫米的小方格图，然后

水獭

慈姑

一年蓬

把风干的叶子用胶水粘到方格图上，计算出各种叶子的面积，探究湿地植物叶子的特点及其与湿地气候的关系。

“走进湿地　爱护生活”外出参观、体验作业展示：让学生在网上搜集有关于长广溪湿地公园的分布情况，结合第二单元的面积单位“公顷”和“平方千米”，从生活中感受面积的大小。通过秋游活动，去走一走，看一看，拍下照片，结合“公顷”和“平方千米”，附上每人对湿地各分布面积的资料，以及自己走一走、看一看后的感受。

常青藤

（3）英语课整合、渗透的湿地实践活动教学和湿地生态教育：活动设想为“Know our local animal friends”（了解我们当地的动物朋友）。太湖不仅有丰富的水生植物，还孕育着种类繁多的鱼、虾，为水鸟提供了适宜的栖息环境和丰富的食物。太湖湿地是我国水鸟重要的繁殖地、栖息地和越冬地。太湖及周围湿地各种水鸟达61种。小学生走近太湖，看看这些太湖湿地生物多样性，用英语说出它们的名字，并用英文描述它们。

石竹

口语交际：太湖鱼、鸟介绍展示——了解湿地，拓展到天鹅、灰雁、白鹭、丹顶鹤、夜鹭的英文表达。

江苏省无锡师范附属太湖新城小学学生们在丈量湿地

了解太湖鸟类的居留地分类及英文表达，了解太湖内代表性的鱼及英文表达，能用简单的英文“It has...”（它有……）介绍太湖鱼和鸟。

制作体验作业：Our local animal friends（我们当地的动物朋友）。制作英文版的太湖鱼、鸟类图，介绍太湖鱼、鸟。

（4）体育课整合、渗透的湿地实践活动教学和湿地生态教育：组织学生上网收集资料，了解尚贤河湿地徒步路线，同时让学生自己收集资料，了解徒步的路线、景点以及路程。通过徒步测量，知道沿尚贤河的健康路径徒步一圈大约需要多少时间。体育课上，老师提醒学生活动前的准备活动和活动时的注意事项；观察沿途湿地生态，认识几种动植物；沿途热心环保，捡拾垃圾。学生和家人一起利用国庆节假日，完成沿尚贤河湿地健康路径徒步，沿途热心环保，捡拾垃圾。

小结交流：学生在活动后形成活动小结，利用体育课室内宣讲活动体会。

（5）美术课整合、渗透的湿地实践活动教学和湿地生态教育：认识湿地，了解湿地的形成，用艺术的形式表现湿地；做到对湿地的形态特征有大致的印象，能用线描的方式表现湿地，与手工结合做出一本关于湿地的册子；通过对湿地植物的学习研究，掌握各类湿地植物的形态特征，用彩色铅笔绘制湿地植物，再将各个湿地植物分类，做一本《太湖湿地植物大全》。

（6）音乐课整合、渗透的湿地实践活动教学和湿地生态教育：太湖横跨江、浙两省，北临无锡，南濒湖州，西依宜兴，东近苏州，是中国五大淡水湖之一，是无锡的母亲湖。太湖地处亚热带，气候温和湿润，属季风气候。太湖河港纵横，有50余条河流与太湖相通。为培养学生保护太湖湿地的意识，音乐

江苏省无锡师范附属太湖新城小学学生们在湿地中扩充英语表达

学科围绕这个主题，从欣赏和演唱《太湖美》《热爱地球妈妈》《古运河之恋》等歌曲入手，感受太湖的美景；通过学唱原版《太湖美》，学唱无锡版本《太湖美》，感受语言在音乐中的魅力；通过欣赏、演唱、创作歌曲，加深学生对太湖的感情；利用《太湖美》的音乐，创作属于自己的《太湖美》。

学生在湿地中认识树木，研究其生长规律

（7）科学课整合、渗透的湿地实践活动教学和湿地生态教育：了解什么是湿地以及湿地的生态功能等。在无锡，有很多美丽的地方，在那里，水面清风、波光粼粼；在那里，水柳新芽、野果飘香；在那里，飞鸟成群、野禽嬉戏；在那里，鱼翔浅底、百花齐放……在那人类和其他生物赖以生存的美丽家园——湿地，学校开展“了解湿地 健康生活”主题讲座。向学生宣传、介绍有关湿地植物分类，湿地植物改善生活环境的生态功能，集中展示并以此教育学生，使之掌握这一内容；了解湿地动物和湿地植物，认识湿地相关知识，了解无锡众多的湿地资源，如长广溪湿地公园、尚贤河湿地公园等。

无锡市太湖湖畔

范例八

“湿地研究”实践活动教学

——广东省深圳市明德实验学校

一、活动背景和教学目标

1. 活动背景

明德实验学校于2014年下半年开始开发理科综合课程“湿地研究”，2015年被列为中小学“好课程”遴选优化项目，2018年3月获得评审通过验收证书。作为学校课改项目，“湿地研究”由生物、地理、物理、化学4门课程整合而成。这项跨学科的整合式课程教学，需要面向丰富多彩的生活实际，关注复杂的社会系统而不仅仅是知识系统；着眼于提升学生综合素养而不仅仅是学科能力；着重提高学生解决问题的能力而不仅仅是解题能力；着力于让学生树立为社会而学习而不仅仅是为了分数而学习；着眼于培养团队学习精神，发展学生终身学习能力。

明德实验学校“湿地研究”系列校本教材：《小学湿地》《湿地研究》

证书
Certificate

课程类别：2015年中小学“好课程”遴选优化项目

课程名称：湿地研究课程

课程负责人：莫峻　　所在单位：福田区明德实验学校

课程团队成员：安坤鹏、白开霞、林周华、任静、王纯子

本门课程已按照相关要求完成优化工作，经由专家评审，予以通过验收。

特发此证，以资鼓励。

深圳市教育科学研究院
2018年03月23日

2018年明德实验学校湿地研究课程获得“好课程”遴选优化项目验收证书

2. 教学目标

第一，丰富学生湿地知识，教会学生认识湿地、湿地植物以及辨认湿地鸟类的方法，帮助他们了解湿地的生态功能以及红树林与深圳生态城市建设的关系等。

第二，培养学生观察自然、野外考察、动手做实验的实践能力，以及参与小组实践活动时的团体合作能力。

第三，让学生走进自然，了解自然，亲近自然，保护自然，唤醒学生思考人与自然的关系，渗透可持续发展理念。

第四，培养学生的自然想象力和创造力。

第五，培养掌握湿地英语关键词汇，以及在湿地场景内使用英语的基本能力。

第六，培养学生多学科结合、多角度思考问题的能力，提升学生包括科学（Science）、技术（Technology）、工程（Engineering）、艺术（Arts）和数学（Mathematics）的STEAM科技理工素养。

二、教学内容和教学过程

1. 小学“湿地研究”课程

小学“湿地研究”课程学习强调内容的基础性、客观性以及聚焦学生的体验和兴趣。课程一半时间在学校上理论课，一半时间在户外上实践课。

小学低年级学段“湿地研究”课程教学内容主要集中在校内学习湿地知

明德实验学校是12年一贯制学校，“湿地研究”课程形式为基于STEAM理念的多学科整合课程，教学过程从2年级到12年级，共11个学年。作为一门跨小学、初中和高中的多学段整体性综合课程，3学段之间的课程呈阶梯性（见图“基于STEAM理念的‘湿地研究’课程各学段课程的关系”）。小学的学习内容及技能为初中的学习做铺垫，初中的学习内容及技能为高中做铺垫，高中的内容与课程设计则为学生将来在大学学习生态设计或建筑设计做铺垫。3个学段之间设有衔接课程，让学生超前接触下一学段的内容，为学生顺利进入下个学段的学习奠定基础。

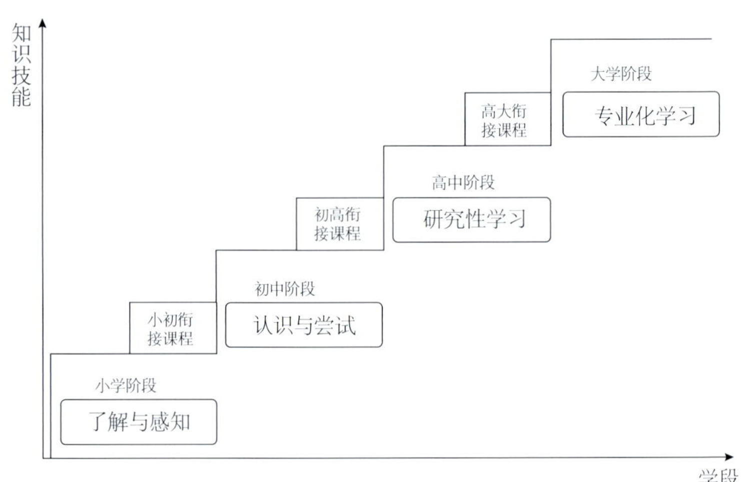

基于STEAM理念的“湿地研究”课程各学段课程的关系

高中阶段的学习内容采用双轨制，一方面从大学相关专业倒推高中应该学习哪些内容和技能以便更好地衔接大学课程，使学生在大学中更顺利、更容易取得成功。另外一方面，则从初中学习内容和技能的基础上，进一步深化得出高中的学习内容。高中阶段的学习定位于项目制、小组合作方式的研究性学习，在兴趣以及自我实现目标的驱使下，学生在高中阶段其他学科以及“湿地研究”课程学习到的知识与技能在项目中得到运用。

范例九

华侨城湿地生态保护教学实践活动

——广东省深圳市华侨城湿地

一、活动背景和教学目标

1. 活动背景

华侨城湿地自然学校自2014年1月12日开办以来，一直秉承“三个一”，即：“一间教室，一支环保志愿教师队伍，一套教材”开展湿地自然学校湿地生态实践活动教学，致力于组建环保志愿教师队伍，通过公益的自然教育课程及活动传播环保理念，让更多人可以了解自然、体验自然。

华侨城湿地的成功修复，自然学校的创建，得到了深圳市人民政府以及社会各界人士的较高赞誉，同时赋予了华侨城人历史使命，为此，华侨城湿地自然学校也不辱使命，奋力前行。自2012年来，华侨城湿地先后成为多家高校的“科研教学基地”，被授予“深圳市科普教育基地”；被深圳市人居环境委员会（现已更名为深圳市生态环境局）授予“深圳市人居环境教育基地”及“深圳自然学校”称号；被国家海洋局宣传教育中心授予“全国海洋意识教育基地”称号；被广东省环境保护厅授予“广东省环境教育基地”称号；被教育部、环境保护部授予“全国中小学环境教育社会实践基地”称号；被深圳市出入境检验检疫局授予“国门生物安全教育基地”称号，并在2016年年底，国家林业局（现国家林业和草原局）批准华侨城湿地为华侨城国家湿地公园，成为深圳近千家公园中的第一家国家级湿地公园。

2. 教学目标

华侨城湿地自然学校的愿景是：成为国际先进的公众参与式生态保护及自然教育示范基地。以自然为师，培育滨海湿地守护者。打造自然教育界中的

"黄埔军校"，让受教育者亲近湿地，友善自然，收获内心的平静；在自然环境中体验，唤醒对自然的敬畏；搭建人与自然的连接，激发保护环境的责任感和行动。华侨城湿地自然学校认为，人格的培养比知识的传授更重要。通过湿地生态教育要培养青少年的感恩、坚毅、乐观态度、激情、惊奇之心、敬畏心、责任心、自制力、社交能力。

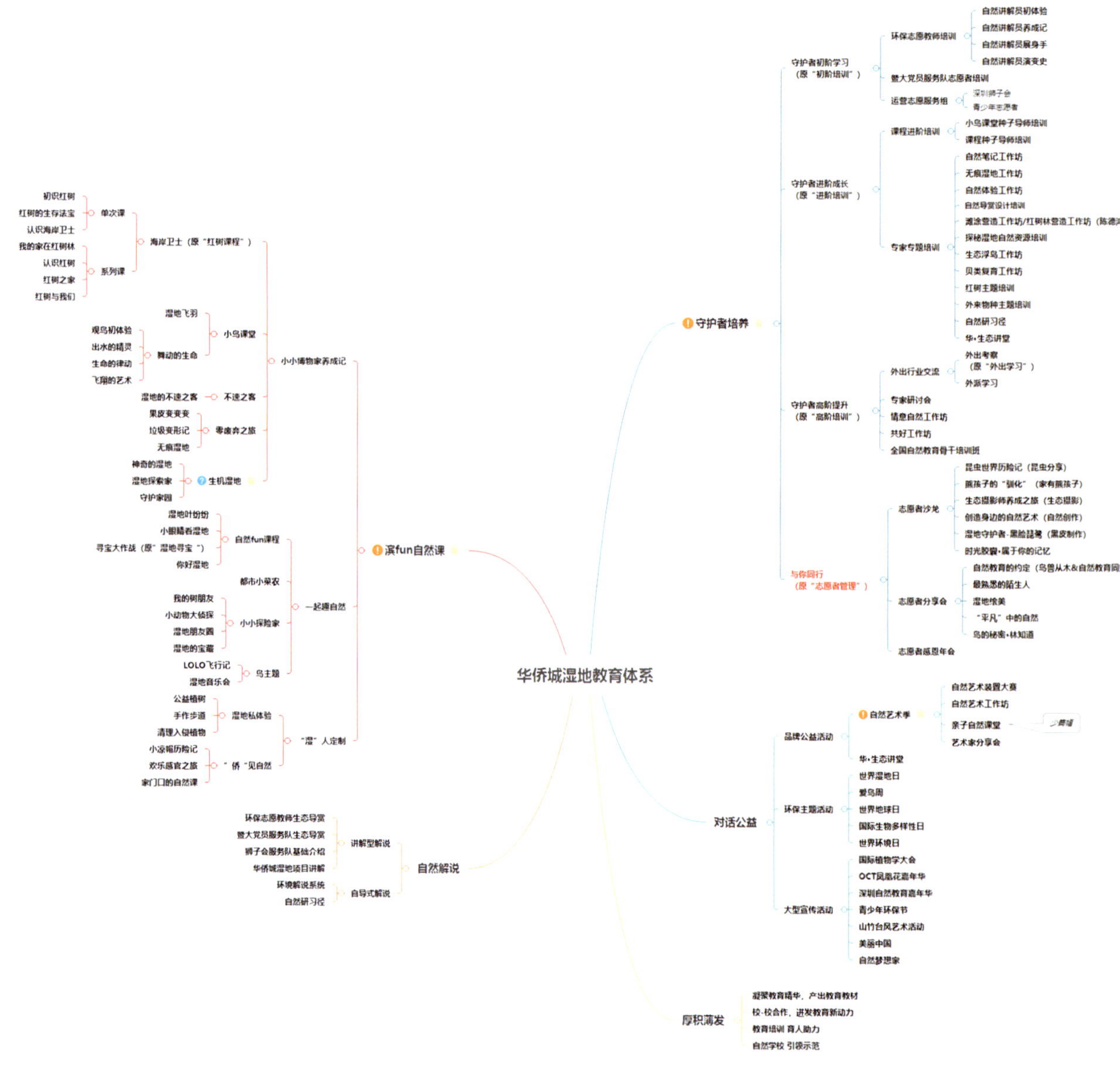

教育课程体系

二、教学内容

曾经是边防海岸线，华侨城湿地拥有丰富的自然资源、历史遗留的哨所岗亭，及增建的生态展厅和零废弃生态园，为科普教育提供了“大自然教室”。华侨城湿地自然学校携手环保志愿教师研发针对不同年龄、不同季节的多元化自然课程，常年举办湿地日、世界环境日、地球日、爱鸟周、“六一”活动等重要环境纪念日活动，邀请更多的公众、弱势群体走进湿地，体验自然的美好，学习生态知识。湿地自然学校自2015年5月1日开始，设了定时导赏，由经过培训的环保志愿教师带领入园公众，并提供基本的生态导赏和介绍。参观过程中，沿路讲解生态、湿地、红树林、展厅等相关环保信息。

1. 小鸟课堂

小鸟课堂为公众提供无门槛、入门级的观鸟体验活动。课程面向8岁以上

老师引导学员观鸟

小鸟课堂观鸟现场

受众，包括参观展厅、观鸟常识科普、望远镜的使用方法、鸟类知识科普及趣味游戏，引导参与者亲身体验，激发观鸟兴趣。小鸟课堂以“小班教学，深度体验”为特点，逐渐成为一项常规明星教学活动。

2. 自然fun课堂

自然fun课堂以自然体验的形式，强调在自然环境中的感知性学习，为参与者提供在自然中进行快乐的探索和学习的机会，帮助公众建立与自然亲密的情感。课程面向4岁以上亲子家庭，在讲师的指导下打开5种感观来感受自然，发挥想象。在这种课堂上，枯枝落叶也变成了玩具和艺术创作的素材。

自然fun课堂上树叶猜猜猜

自然fun课堂上树叶大比拼

3. 零废弃课程

“零废弃”是指在生产和生活中产生的各种废弃物，可以作为其他产业的原料加以利用，实现生产、生活垃圾循环再利用的最大化。深圳市华基金生态环保基金会有感于日益严重的垃圾危机，于2015年启动了“零废弃项目”，在华侨城湿地修建了“零废弃生态园”，不仅向公众介绍垃圾的起源、垃圾造成的生态危机与资源危机，同时展示通过鱼菜共生系统、手动堆肥箱、有机种植可以部分解决自己产生的垃圾，并通过华侨城湿地自然学校开发零废弃课程，推动公众参与零废弃实践。

“零废弃生态园”通过“鱼菜共生”、堆肥及有机种植展现自然有机物的循环转化过程，展示物质如何通过自然循环在动物、植物及微生物之间循环，因此成为华侨城湿地科普教育的重要场所。希望大家在这里可以了解到垃圾问题的严重性，启发更多伙伴们思考和行动，同时也了解都有哪些可能性能引领我们反求诸己，从身边开始进行改善。

闻闻酵素的味道

4. 无痕湿地

以无痕山林LNT（leave no trace）原则为基础，带领参与者在湿地环境中学习如何与自然亲密接触的同时，减少对环境的冲击，做到“零废弃”出游，同时徐行、简装、轻声，尊重自然万物。

课程面向6岁以上受众，内容包括LNT理念讲解、垃圾分类知识科普，还设有体验游戏，引导参与者尊重万物，“从心出发，呵护湿地”。

无痕湿地之观察小草

5. 红树课程

红树课程以理论与实践相结合，内容包括红树知识科普，户外观察、辨别、绘制等参与环节，引导公众认识红树、了解红树林现状，进而用自己的行动去保护红树林及滨海湿地。

在志愿讲师的指导下，孩子们绘制和记录红树

6. 湿地的不速之客

“湿地的不速之客”即外来植物，课程内容包括本土生物、外来生物知识科普，以及实地体验清理入侵植物环节，引发参与者对本土生物、外来生物以及人类活动对生态平衡的影响的思考。

7. 小菜农课程

小菜农课程是华侨城湿地自然学校的全新课程，课程持续一个多月，分4次课程，让小朋友循序渐进地了解植物生长的整个过程以及结合种植传播生态环保知识，包括认识种子，学习播种、堆肥、制作环保要素、制作环保小农具以及认识帮助蔬菜成长的动物朋友们等。通过种植活动让大城市成长的小朋友体验农耕文明，并在生活中践行生态环保。

孩子们在触碰含羞草

孩子们在松土

志愿老师带孩子们认蔬菜

8. 华·生态讲堂

华·生态讲堂每月举办一次，主要传播生态文明理念，唤醒我们对大自然的觉知和行动，定期邀请政府、公益环保界的资深大咖，具备专业知识的环保志愿教师以及非政府组织人员等为公众授课，为自然发声，将绿色环保理念传播到家庭、社区中去。华·生态讲堂以华侨城湿地为起点，引导市民参与公益环保事业，共同努力，让深圳更美好！

华侨城湿地自然学校邀请湿地专家作报告

9. 环保节日活动

华侨城湿地自然学校常年举办湿地日、世界环境日、地球日、爱鸟周等重要环境纪念日活动，邀请更多的公众、弱势群体等走进湿地，体验自然的美好，学习环境知识。

2015年，华侨城湿地自然学校2次邀请美丽中国项目潮汕地区支教老师和孩子们走进都市，感受来自华侨城湿地的关心与爱护。美丽中国项目的孩子们和支教老师来到华侨城湿地自然学校，参与自然体验活动，唤起了孩子们对大自然的热爱，也得到了支教老师们的好评。

2016年，为了使更多美丽中国的孩子们和支教老师参与到学习交流中来，华侨城湿地自然学校分别走访了汕头市潮南区雷岭镇鹅地小学、潮州市潮安区

江东镇下庄小学2所支教学校，并组织区域支教老师做了一次自然教育的分享，共100名学生60名老师参与了此次活动。

华侨城湿地自然学校与多家小学咨询交流湿地保护活动

10. 华侨城湿地自然艺术季

自2018年起，着眼于生态文明宣传教育，华侨城湿地联动深圳市南山区环境保护和水务局、深圳市南山区教育局，以“零”感源自然为主题，组织开展系列活动，每年邀请艺术家开展自然艺术主题讲座及主题工作坊，号召深圳各中小学生利用树叶、树枝、果实等自然素材制作出能展现艺术美感、传递环境关怀的户外装置作品以及针对各年龄段亲子家庭开展相关自然课堂。活动重视公众参与，通过对话与合作融入零废弃等环保理念。活动扎根于华侨城湿地，打造人与艺术、自然的对话空间，探讨人与自然的关系，让更多人以更多样的方式亲近自然、参与环境保护。

自然艺术讲堂

自然艺术工作坊学员作品

华侨城湿地“自然艺术季”活动

IWRB
国际湿地

最美湿地人
南山二外集团
海德学校
一花一草皆生命，
一枝一叶总关情。
Love life, love nature.
No picking!
4

初心

艺术家和环保志愿者共同完成的“黑脸琵鹭”

附 录

附录一 历年世界湿地日主题

1997年：湿地是生命之源（Wetlands：a Source of Life）

1998年：水与湿地（Water for Wetlands，Wetlands for Water）

1999年：人与湿地，息息相关（People and Wetlands—the Vital Link）

2000年：珍惜我们共同的国际重要湿地

（Celebrating Our Wetlands of International Importance）

2001年：湿地世界——有待探索的世界

（Wetland World—a World to Discover）

2002年：湿地：水、生命和文化（Wetlands：Water，Life and Culture）

2003年：没有湿地就没有水（No Wetlands-No Water）

2004年：从高山之巅到大海之滨，湿地无处不在为我们服务

（From the Mountains to the Sea，Wetlands at Work for Us）

2005年：湿地文化多样性与生物多样性

（Culture and Biological Diversities of Wetlands）

2006年：湿地是减贫的工具（Wetland as a Tool in Poverty Alleviation）

2007年：湿地支撑渔业健康发展（Wetlands and Fisheries）

2008年：健康的湿地，健康的人类 (Healthy Wetland，Healthy People)

2009年：从上游到下游，湿地连着你和我

（Upstream-Downstream：Wetlands Connect Us All）

2010年：湿地、生物多样性与气候变化

（Wetland，Biodiversity and Climate Change）

2011年：湿地与森林

（Wetlands and Forests）

2012年：湿地与旅游（Wetlands and Tourism）

2013年：湿地与水资源管理(Wetland and Water Management)

2014年：湿地与农业：共同成长的伙伴

（Wetland and Agriculture：Partners for Growth）

后 记

由国际湿地IWRB（原湿地国际—中国办事处）发起并稳步推进的湿地学校建设项目已历时17年，如今，由学校、教师和相关保护机构自愿组成的以湿地为重点的生态教育网络已经形成。湿地学校由创建、探索到日趋完善成熟，得到了各位专家、教师和同仁的大力支持。基于此，我们组织编写了《湿地学校建设指南》。

在此，对为编辑出版《湿地学校建设指南》鼎立资助经费的中国科学院东北地理与农业生态研究所和海口市湿地保护协会表示由衷地谢意！参与编写《湿地学校建设指南》的教师和专家们都付出了辛勤的劳动，这里要特别感谢为该书提供范例的辽宁省盘锦市辽河油田兴隆台第一小学、甘肃省兰州市水车园小学、浙江省杭州市留下小学、湖北省武汉市江汉区华中里小学、江苏省盐城市大丰区飞达路初级中学、安徽省安庆市双莲寺小学、江苏省无锡师范附属太湖新城小学、广东省深圳市明德实验学校、广东省深圳市华侨城湿地等单位的师生们；对为本书的编辑出版给予积极支持和帮助以及提供照片的夏秋、胡永红、姜潇航、成英、朱松存、潮金元、何虹、查林英、乔炜、莫俊、陈银沽、陈克林、吕咏、李裕红、刘万海、彭正斋、张莹、王红妮、吴汉鼎、富润廷、陈书军、谭景涛、张胜邦等，在此一并致谢。

编辑委员会

2019年9月